名师系列

促进学生深度学习发生的策略

——以小学数学思维导图应用为例

CUJIN XUESHENG SHENDU XUEXI FASHENG DE CELUE

王 芳 著

黄河出版传媒集团
阳 光 出 版 社

图书在版编目（CIP）数据

促进学生深度学习发生的策略：以小学数学思维导
图应用为例 / 王芳著. -- 银川：阳光出版社, 2023.10
ISBN 978-7-5525-7114-1

Ⅰ.①促… Ⅱ.①王… Ⅲ.①小学数学课－教学研究
Ⅳ.①G623.502

中国国家版本馆 CIP 数据核字(2023)第 242047 号

促进学生深度学习发生的策略：
以小学数学思维导图应用为例   王　芳　著

责任编辑　林　薇
封面设计　石　磊
责任印制　岳建宁

黄河出版传媒集团
阳　光　出　版　社　出版发行

出 版 人　薛文斌
地　　址　宁夏银川市北京东路 139 号出版大厦（750001）
网　　址　http://www.ygchbs.com
网上书店　http://shop129132959.taobao.com
电子信箱　yangguangchubanshe@163.com
邮购电话　0951-5047283
经　　销　全国新华书店
印刷装订　宁夏凤鸣彩印广告有限公司
印刷委托书号　（宁）0027828

开　　本　720 mm×980 mm　1/16
印　　张　10.25
字　　数　140 千字
版　　次　2023 年 10 月第 1 版
印　　次　2023 年 10 月第 1 次印刷
书　　号　ISBN 978-7-5525-7114-1
定　　价　48.00 元

目　录
CONTENTS

第一章 基本概念及其关系

义务教育阶段的数学课程是培养公民素质的基础课程，具有基础性、普及性和发展性。数学课程能使学生掌握必备的基础知识和根本技能，培养学生的抽象思维和推理能力，培养学生的创新意识和实践能力，促进学生在情感、态度与价值观等方面的发展。义务教育的数学课程能为学生未来生活，工作和学习奠定重要的基础。小学数学在学生的学习阶段占有举足轻重的地位，是整个数学阶段学习的基石。学生在小学数学学习过程中学到的方法、技能已经养成的好习惯都会传承到接下来的学习生活中，影响学生以后的学习生活。

本书所阐述的内容紧紧围绕新时期新课程改革，以《义务教育数学课程标准（2022年版）》为背景，以小学数学教学为阵地，提炼运用思维导图促进小学生深度学习发生的策略，包含三个关键词：小学数学教学、深度学习和思维导图。这里立足于2022版新课程标准的实践，结合一线教学实践阐明三者关系。

第一节 对小学数学教学的认识

荷兰教育家弗赖登诺尔认为："数学来源于现实，也必须扎根于现实，并且应用于现实。"的确，现代数学要求我们用数学的眼光来观察世界，用数学的语言来阐述世界。从小学生学习数学的心理来看，学生的学习过程不是被动地吸收过程，而是一个以已有知识和经验为基础的重新建构的过程，因此，做中学，玩中学，将抽象的数学关系转化为学生生活中熟悉的事例，将使儿童学得更主动。从我们的教育目标来看，我们在传授知识的同时，更应注重培养学生的观察、分析和应用等综合能力。

一、数学课程的性质

《义务教育数学课程标准（2022 年版）》中指出，数学是研究数量关系和空间形式的科学。数学源于对现实世界的抽象，通过对数量和数量关系、图形和图形关系的抽象，得到数学的研究对象及其关系；基于抽象结构，通过对研究对象的符号运算、形式推理、模型构建等，形成数学的结论和方法，帮助人们认识、理解和表达现实世界的本质、关系和规律。数学不仅是运算和推理的工具，还是表达和交流的语言。数学承载着思想和文化，是人类文明的重要组成部分。数学是自然科学的重要基础，在社会科学中发挥着越来越重要的作用，数学的应用渗透到现代社会的各个方面，直接为社会创造价值，推动社会生产力的发展。随着大数据分析、人工智能的发展，数学研究与应用领域不断拓展。

《义务教育数学课程标准（2022 年版）》还指出，数学素养是现代社会每一个公民应当具备的基本素养。数学教育承载着落实立德树人的根本任务、实施素质教育的功能。义务教育数学课程具有基础性、普及性和发展性。学生通过数学课程的学习，掌握适当现代生活及进一步学习必备的基础知识和基本技能、基本思想和基本活动经验；激发学习数学的兴趣，养成独立思考的习惯和合作交流的意愿；发展实践能力和创新精神，形成和发展核心素养，增强社会责任感，树立正确的世界观、人生观、价值观。

数学课程目标的确定，立足学生核心素养发展，集中体现数学课程的育人价值。数学学科教学和其他学科一样，都承载着"培养什么人，怎样培养人，为谁培养人"的重任，要发挥培根铸魂、启智增慧的作用。

二、"说学数学"的教学观

"说学数学"是我们的数学教学主张。"说学数学"是宁夏本土教育品牌"说学教育"体系中的一个分支。"说学数学"是一种以人的发展为本的教育主张，是一种理念，把课堂真正还给学生；是一种学习方式，使学生知识构建和输出的具体措施；是一种唤醒，唤醒学生不可预知的潜能。"说学数学"关注了人本身发展，关注了数学学科本质，关注数学核心素养。

在"说学数学"的主张下，数学课堂是一种回归，回归了教育的本源，厘清了学和教的关系，恢复了学生、教师、教材的本来地位，发挥了学生、教师、教材的本来作用，关注了学生的"三会"（会用数学的眼光观察世界，会用数学的思维思考世界，会用数学的语言表达世界）数学核心素养的发展。

"说学数学"主张五大核心理念："先预习再教学""主体性课堂教学""说学艺术""合作学习"和"学以致用"，课堂教学围绕五大理念设计展开。老师对课堂教学结构、学法、教法进行合理把握和应用，使课堂变得更为清晰、简洁、自然、深刻，进而达到优质和高效，最终实现学生数学基础学力的发展和数学素养的提升。

"说学"既是名词也是动词。当名词时，就是我们数学教学观的名称，当动词讲就是指具体的学习方法：就是在深度学习的基础上，注重学生表达的"读、说、思、论、述、辩、背、评"所谓"说学八法"。

"说学"是一种实践操作的策略，是一种学习方式，是一种唤醒儿童自我开发潜能目标，也是一种教学理念。说学数学课堂具有自己独特鲜明的特征：课堂主体凸显学生、课堂结构清晰简洁、课堂进程智慧调整、预设与生成交替呈现、学习活动师生高度互动，学生学习积极主动，情绪高涨推动课堂进展，教师上课心中有数，悠然自得。

"说学数学"中怎样培养核心素养？说学数学的教学目标是让学生成为具有数学素养的人。数学的核心素养是什么？在"说学数学"的教学中让学生在思维能力方面有数学抽象、运算、推理、数学建模、直观想象、数据分析、转化思想等能力。核心素养从哪里来？从学生对数学认知中来，即从数学概念、数学规律、数学关系的探究、体验、理解、应用中逐步培养。核心素养怎么形成？从学生思考、自学合作、交流创新和实践中形成。这些做法无不对应出"三会"核心素养。

"说学数学"主张"说、学"并重，学生在小组合作中通过表达、质疑、补充来达到学习理解的目的，积淀人文底蕴。学生之间互相质疑问难，促使学生勇于探究、积极表达，培养学生理性思维、批判质疑、勇于探究的科学精神。在"说学教育"理念下的数学课堂学生自学互学互教，培养了学生学会学习的能力。

总之"说学数学"追求的是唤醒学生的潜能，让教育回归原点，关注人的发展，既关注了数学学科的本质特征，又体现了以人为本的教育理念，营造一种师生"生命在场"的课堂。美国学者埃德加戴尔"金字塔学习理论"主张"让学生教学生，让学生当小老师"，"说学数学"中凸显这一方面，符合儿童的认知规律和知识构建的内在规律。

第二节 对"深度学习"的认识

"深度学习"的概念是最早由瑞典学者马顿和罗杰·萨尔乔于 1976 年提出，西方学界一直在持续跟进研究与实践，在 20 世纪末深度学习并未引起中国学者的关注。进入 21 世纪，随着中国教育信息化的推进，深度学习，首先出现在信息化领域，成为改进教育学，提升教学有效性的一个核心理念。随着中国课程改革走向纵深，以及新世纪发展学生核心素养教学实践的开展，普通的学科教学中的深度学习，开始受到中国教育界的关注，并在近三年内迅速成为学术研究与教学实践的热门话题。

在小学数学教学领域，中国关于小学数学"深度学习"的研究是从 2013 年起，至 2018 年发表文章有 66 篇，这一领域的研究与马云鹏为代表探讨了深度学习的内涵，建立了小学数学深度学习教学设计模式，提出了聚焦深度学习的小学数学课堂变革的策略。

一、什么是"深度学习"

教育部基础教育课程教材发展中心深度学习项目组认为，深度学习就是指在教师引领下，学生围绕着具有挑战性的学习主题，全身心积极参与体验，成功获得发展的有意义的学习过程。在此过程中，学生掌握学科的核心知识、理解学习过程、把握学科的本质及思想方法，形成积极的内在学习动机、高级的社会性情感、积极的态度、正确的价值观，成为具有独立性、批判性、创造性又有合作精神，基础扎实的优秀的学习者。

国家基础教育实验中心常务副主任、东北师范大学马云鹏教授的《深度学习·走向核心素养》中指出，小学数学深度学习是在教师引领下，学生围绕具有挑战性的学习主题，全身心参与体验，成功获得发展的有意义的数学学习过程。在这个过程中，学生开展从具体到抽象，运算与推理、几何直观、数据分析和问题解决等为重点的思维活动，获得数学核心知识，把握数学的本质和思想方法，提高思维能力，发展核心素养，形成积极的情感态度和正确的价值观，逐步形成极具独立性、批判性、创造性，又有合作精神的学习者。

马云鹏在《聚焦学科本质的深度学习教学设计》中指出，深度学习教学设计的四个基本要素：一是学习主题，小学数学核心知识，体现数学学科的思想方法与核心素养；二是学习目标，单元整体目标，重点指向核心素养；三是学习活动，具有挑战性的问题情境，引起学生广泛参与和深度思考；四是学习评价，针对单元整体目标，体现层次性和可持续性。另外在《论深度学习的教学逻辑》中指出，深度学习是基于学生有效学习本质的教学设计范式，旨在提升学生的高阶思维能力与问题解决能力。深度学习的教学逻辑由学生认知序列、学科内容特征、学科素养、学习效果反思四个要素，构成促进深度学习的教学逻辑的生成策略集中体现在：以理解与聚焦为教学主题的价值取向；以融合与联结为课堂活动的基本特质；以创新与实践为解决问题的主要抓手；以反思与批判为思维拓展的关键路径；以发展与进阶为多元评价的核心视角。

二、"深度学习"的个性理解

笔者认为关于深度学习还可以这样理解：就是教师引导学生经历探究知识的过程，在理解学习的基础上，学习者能够批判性地学习新的思想和事实，并将它融入原有的认知结构中，能够把众多的思想进行联系，并能够在新的情境中作出决策和解决问题的学习。

小学生的深度学习应有他们所具备的年龄特征：天生好奇，爱提问题；同伴之间总有"不服"之气，总爱质疑、总爱辩解；一探究竟的劲儿十足，打破砂锅问到底；直观形象思维发达，喜欢用实物、图形来辅助解决问题等。同时也有明显的缺点，就是知其然不知其所以然者居多。教师应该充分利用学生的优势，克服缺点，形成以学生为主体的课堂，以发现问题、尝试解答、验证策略的探究方式，让学生有自我思考、交流合作、批判辩证的行为，课堂上学生有知识的认知过程、内化过程、释放过程、合作过程等，形成一定的课堂文化，我们认为小学生就已经经历了"深度学习"，不止知其然，而是知其所以然。这也是目前我们以"说学教育"为抓手落实新课标的初衷。

三、"深度学习"的具体措施

（一）"说学教育"的理念

"说学教育"提倡本源论，基于人的发展，关注生命成长。"说与表达"是人各种能力中最基础最基本的能力，有了这种能力保障，其他能力才会发展和提升。"说学"就是"说中学"，在自主、合作、探究学习时，通过表达、对话、交流达成学习目标。说学教育与核心素养高度吻合。专家将核心素养解读为"必备品格 +关键能力=核心素养"，说学教育从表达能力开始，培养了学生表达、合作、思维、审美能力，使学生得到最大化发展。说学教育既是方法论，也是本质论。先学后教、学生主体、合作学习、说学艺术、是其遵循的五大理念，问题、合作、思维、表达是其四大理论体系要素。

（二）"说学数学"的理念

说学数学提出了"数学+数学思想"的本质方向，也就是"说学数学"与学科本质的研究，同时说学数学关注了文本的处理和学生学习情绪的结构。在文本处理时需要思考一系列本质问题：数学到底学什么？学数学的根本要义在于学习数学原创活动中的人类智慧，人类如何思考、如何实践，以解决数学问题的活动过程中。人类智慧在哪里？在发现问题、提出问题、分析问题、解决问题的活动过程，在活动积淀的经验里，在此基础上顺便学点知识技能。数学怎么学？关键问题并不完全在于发现还是接受，而在于是否清晰地呈现了知识的原创过程，让学生感悟到蕴含其中的人类智慧。"说学数学"在文本的整合和开发加工编制说学稿（预习指导）和教学设计时，已厘清了具体的知识点和本质内涵。

（三）"说学数学"的预学

课前预习教师必须熟悉数学课程标准，深入研究教材，明确教学目标、教学重点和教学难点，然后整合课程资源，精心设计学生预学的"说学稿"。主要让学生整合素材，积累活动经验，阅读文本例题找准新旧知识的连接点，为新知做学习铺垫，自主尝试探究获取知识等内容。说学数学通过说学稿和"小对子"合作两个控制要素落实数学预习。"说学稿"需要简洁明了，要有学法指导，学生在教师指导下自主克服各种困难学会知识。"小对子"建设的本质就是研究如何发动学生、利用学生、解放学生、发展学生。

1. 说学数学特色"说学稿"的设计指导

"说学稿"就是由教师课前预先设计，以书面的形式指导学生课前有目的、有针对性地进行自主预习的学案。它在传统预习的基础上，拓展了预习内容。学生通过完成"说学稿"，会在对新知识形成初步感受和浅层理解的同时，对第二天的课堂有所准备，从而更有目的性地进行课堂学习，提高课堂学习的有效性。由此看来，"说学稿"既是一份学稿——学生自学的指南，也是一份讲稿——教师课堂教学的主线。所以，我们就把这份自主预习学案称之为"说学稿"。

（1）借助现代技术，促学生交流合作：利用微信平台建立合作群，群内成员就是2~3组"小对子"，每班可分为8~10个小群，每群都加老师。每天晚上学生做完所有作业，要求数学学科有10分钟的微信交流，内容包括：本单元概念、难题讲解、预习问题、作业完成情况等，"小对子"督促对方完成微信交流。老师负责巡视点赞，重点抽查，在大群里分享一两个小群成功做法，树立典型，长期下来形成自觉交流的氛围。

（2）充分利用时间，促"小对子"深入交流：借助晨读时间，给予"小对子"交流学习任务。称之为"五步"晨读时光："一背""二说""三查""四考""五评"。"一背"即把本单元概念说给"小对子"听，互相检查；"二说"把预习作业"说学稿"的思路说给对方听；"三查"查家庭作业，有疑难的地方互相讲解；"四考"出题给"小对子"做，根据所学内容，一般出容易错的题目；"五评"对晨读的表现给予评价。如果同桌没到校，先独立进行第一环节；没有说学稿的早读，直接变为 4 个环节，每个环节两人都有任务，一个展示另一个就是考官，进行扎实有效的合作。依靠班干部的管理，"小对子"的互助，久而久之学生就形成习惯，到校就投入有序学习，形成了浓厚学风。

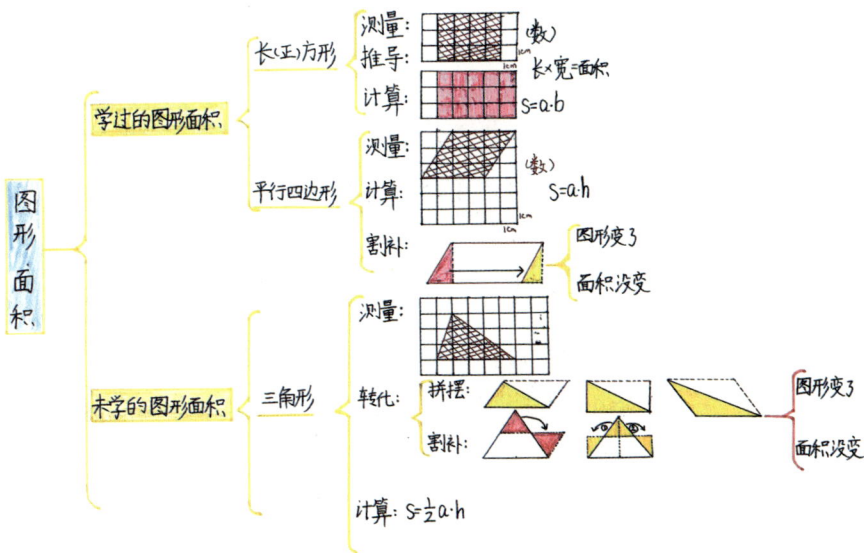

图 1-1 《三角形的面积》（马娟）

树形图《图形面积》设计说明

树形图用于分类规划主题词的思维图示，有着归纳分类的功能，为了引导学生归纳总结各种图形面积的推导过程，所以，引导学生设计这样一幅树形图，厘清各个图形面积的推导过程。

图形面积分为学过的图形面积和未学的图形面积，学过的图形面积有长（正）方形，很显然，他们的推导过程及计算方法学生一目了然，为了培养学生的量感，也可以通过最原始的方法——测量的方法进行数一数，计算其面积。长（正）方形通过测量或者转化推导得出面积为长×宽。

平行四边形是在长方形面积的基础上进行转化推导，可以通过转化的方法进行推导，将平行四边形转化成规则的长方形，根据长方形面积得出平行四边形的面积为底×高。通过"割补法"进行转化，体会图形的形状变了，但是面积没有变。

未学的图形面积有三角形，三角形按角分可分为锐角三角形、直角三角形和钝角三角形，对三种三角形分别进行拼摆或者割补，能得到新的平行四边形，从而推导出三角形的面积是平行四边形的一半，为底×高的一半。

借助树形图，利用归纳分类的方法，引导学生厘清各个图形面积的推导过程，掌握锐角三角形、直角三角形和钝角三角形如何借助转化思想进行推导，计算出其面积，本导图是从知识的形成过程出发，培养学生的推理意识和类比能力。

2. 说学数学特色"小对子"共同体建设

学习小组的构成对合作学习的成败起到至关重要的作用，结构合理的分组是合作学习取得成功的前提。在组建"小对子"的时候，我们的老师必须做到以下几点。

（1）深入了解学生。了解每一位学生的性格、爱好、特长以及他们的学习情况，然后才可以进行"小对子"的组建。在这期间，我们老师需要进行三次分配。

首先将全班学生分为两类，好动的归为一类，比较内向的腼腆的放到一起，然后将这两组同学再进行权衡，做到一个好动的孩子，搭配一个文静的孩子。然后再按照学习成绩和学习态度，一个学习成绩好的孩子搭配一个学习稍微差的孩子，这样，就是最初期的一组"小对子"。

（2）学生搭配磨合。初期的"小对子"分好后，教师一定要多加观察，在"小对子"之间会需要一段时间的适应，需要磨合，当然中间也会出现很多问题，比如学习成绩好的同学看不起学习成绩不好的同学，不愿意和他们交流，有的甚至很自私地将自己所知道的一些知识点不讲给同学听，还有的学习习惯不好的同学故意捣乱不让同桌听课。这个时候作为老师，我们就要发挥作用了，找学生谈话，让他们转变思想，再进行二次磨合，只要工作做得扎实，学生会很好的配合。不过这些问题也只属于个别情况，大多数的"小对子"还是会顺利地度过磨合期。

（3）调整引领。顺利度过磨合期的"小对子"，教师就要教给学生"小对子"之间怎样配合，怎样相互引领，怎样相互约束，让学生知道"小对子"在学习中所起的作用，然后才能开始合作学习。

"小对子"合作学习可以使每一位学生被关注，真正做到因材施教，可以避免课堂中学生精力的流失，让学生人人参与，强化"兵帮兵、兵练兵、兵强兵"的教学理念，更大程度发挥学生的自主、合作、探究式学习的能力。

说学课堂凸显新课程改革的"自主、合作、探究"三大学习方式，有效的合作是保证"说学数学""学生主体性课堂"构建的前提和基础，如果合作走形式就别谈"自主学习"和"探究学习"了。

说学课堂的合作形式应学生学习的需要而生成，不按传统固定4人小组形式，而是根据实际情况需要几人则几人合作，通常以2人合作，灵活整合其他形式。合作体的构成有两种形式：一是"学习'小对子'"，即同桌两人的合作。同桌的搭配也是根据学生综合能力的差异，参考语数外三科老师的意见将班级学生一分为二，一半程度好点的学生做小老师，一半程度弱一点的学生做小伙伴，小老师负责管理，教授小伙伴。基本形成"组内异质、组外同质'这是"说学数学"高效教学模式必须组建的学习形式，是课前的"自主预习"和课堂上的"自主、合作学习，以及展示交流"都离不开"小对子"。建立学习"小对子"，直观地理解就是要落实"兵管兵""兵查兵""兵教兵"的做法。二是

"对上对"，即"小对子"与"小对子"的合作。这样根据需要可 4 人小组，可 6 人小组。

"对上对"主要体现在：①每个孩子可以找自己认为是这一天或这一周的重难点题，先请"小对子"解决，当"小对子"解决不了时可以走出"小对子"和其他"小对子"交流讨论，最终解决不了的找老师解决。②当课堂上学习"小对子"内部交流结束后，带着自己"小对子"观点和未解决的问题等可自然走出"小对子"和其他"小对子"交流讨论。

（四）"说学"数学课堂教学

说学教学是指通过课前预习和课堂教学和课后复习三个阶段，通过学讲练三种学习策略来培养自主学习能力。说学数学教学有以下几大特征：一是说学数学教学是在大教学观念下开展的教学行为，从数学四大领域来说，数与代数、图形与几何、统计与概率、实践与综合应用去思考教学怎么开展。二是数学学习事件化，如果我们把我们的数学知识的学习都按照一个事件或者故事来让学生去学习的话，我觉得很有研究价值和意义。三是还原儿童本真，让我们的课堂有儿童味，数学味是数学课堂必须有的味道。四是说学数学教学是一种理念，是真正儿童的课堂，让学习真正发生。五是说学数学教学是一种全新的学习方式，学生用观察、交流、展示、思辨、质疑、补充、陈述等方式构建知识，提高能力。

"说学"数学课堂教学是在学生预习的基础上开展的。由于学生所处的文化环境、家庭背景和自身思维方式的不同，所以个体差异是客观存在。学生凭借自身的知识经验，阅读数学教材，在理解处理教学内容的过程中，学生个体的差异显然更加明显。教师在课堂教学过程中对这种差异和学生对教学内容的先知做到心中有数，我们要以学生预习反馈的信息为基础，对目标内容、策略、方法等做出合理的安排，使课堂教学更具有针对性，把预习结果作为课堂教学的切入点，把学生预习所呈现的问题解决作为课堂教学追求的目标,让学生参与知识的构建,促进学生自学能力的提高,让学生学习真正发生在自己身上。

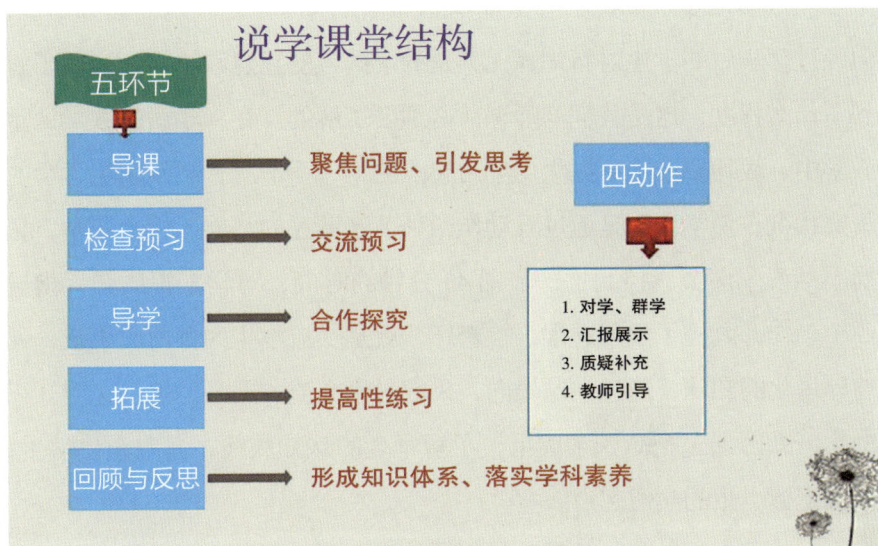

图 1-2 说学课堂结构(王芳)

"说学数学"教学关注四个结点。

1. 明确课的定位,确定基础问题和核心问题。预习后的数学课堂预设绝不是简单的预习对答案和应付学生"超前"的问题,应是怎样引导学生更好的进入学习情境,广开思路,找准课堂的基础点和探究点。数学学科一定是以基础问题和核心问题开展教学的。基础知识就是浅层次的知识,通过学生课前预习,大家基本能掌握的,但在课堂上还需老师面向全体去教学,这部分知识就以问题的形式让学生通过对学和交流,都能达到理解和掌握内化的程度。核心问题就是数学的知识本质,把学生置身于知识的形成过程中,通过合作展示交流质疑,达到知识的构建、掌握和应用。

2. 把握预习成果,关注全体,明确教学的起点在哪里。美国心理学家奥苏伯尔说过"影响学习的最重要的原因是学习已经知道了什么,我们应当根据学生原有的知识状况去进行教学"。了解学生，正确把握学习起点，成为预学后组织课堂教学中突出的关键性问题。通过预学，每个学生或多或少地掌握了一些基本的知识，有了一定程度的新知储备，但经过预学后的学生对新知，尤其是教学内容的重点和难点，到底了解到了什么程度，这是我们老师课前必须要了解的。在入学后的数学课堂教学中，教师要准确掌握学生学习起点的第一手情况，展示学生预学的真实状况，说学课堂是通过五动作四环节来调控的，导入检查导学，拓展小结五个环节，控制了一节课 40 分钟的时间，对学汇报质疑，指导四个动作，调控了学习进程，检查环节就是交流学生的预习成果吧，课前碎片化的知识，通过问题导向，采取对学交流、展示汇报、达到知识内化，教师通过把脉预学成果，了解学生的认知底线，面向全体学生，准确把握学生的学习起点。

3. 构建知识结构。知识结构揭示知识本质，促进学生发展。

（1）对学生交流展示，内化浅层次的基础知识，通过课堂的预习成果展示，教师能发现有部分新知比较单一或与学生生活联系比较紧密，大部分学生通过预学都能初步了解这些显性知识，教师可以让学生在汇报交流各抒己见中把学生预学时比较碎片化的知识点，有效建构成颇具条理和逻辑的按层次有序排列的知识链。

（2）质疑补充，深度探究知识内涵。学生凭借旧知的经验、新知的预学和师生之间的交流互动，对一些浅层次的表象的知识学生能够自学并理解，学生对于一些较难知识的认知，可能出现一些疑惑，理解不够全面或产生一些偏差或错误的想法，教师应该引导学生进行思辨，感受知识成长的过程，让学生明晰自己思维症结的所在，完善知识块的整合，形成数学基本策略的思想方法，思辨往往涉及分析、辨别、推理、判断、表述、交流的数学思维过程的活动，不仅是学生数学思维综合能力强弱的一种体现，更是学生数学素养水平高低的表现。因此，在教学中，教师从学生的认知基础和学习经验出发，引导学生对知识进行主动建构，对学习过程进行主动思辨，从而实现数学知识的内化理解。

4.说学数学课堂结构。第一导入环节，聚焦问题激发学习兴趣，引发学生思考；第二检查环节，检查预习成果，掌握学生的起点在哪里，明确学生要到哪里，不要低估了由学生互动和自我修正所产生的效果，可以采用多种方式让学生反馈、汇报、展示自己对知识了解的情况理解的深度；第三导学环节，这个环节是核心知识展开中最重要的教学环节，这一过程是教学重难点突破的教学环节，学生在自己的预学中对于隐含的思想方法等可能难以自我独立挖掘，需要老师协助，所以老师应该清楚本环节中，学生最需要帮助的是什么？大多数学生会出现的问题是什么，这一环节中老师要灵活运用多种教学辅助形式和手段，让学生感知知识的本质，注重知识高度的建构和数学思想方法的形成，拓展环节要做到两点：一要以巩固性的基础练习为主，让所学内容更加完整与扎实；二要以提高性拓展练习为辅，让所学内容更加牢固和灵活。教师首先要提供针对性练习和拓展性练习，全体同学可独立思考后相互交流评价。在这一环节中，提倡个人提问，学生间相互解决，老师不做整体讲解，对有必要的地方进行点评，培养学生团结协作的精神，及时发现问题，提出问题的好习惯。当然，不同类型的内容在巩固提高时重点也有所不同。总之，预学后的课堂教师应立足学生的起点，使数学学习融入学生的真实思维水平，让每个学生的智慧、能力和情感不断得到超越，让学生的预学成果和课堂教学和谐统一，让课堂焕发生命活力。当然对于教师而言比较难的，是在教学设计前要充分估计学生的已知、想知、能知、难知和怎知，尽可能准备把握学生的现实起点。在教学设计时，要根据自己对学生现实起点的估计和教学重点的把握，尽可能找到一条从起点通向终点的更为有效的途径，在课堂教学时要根据现场的实际情况，并结合教学重难点进行调整与追问，尽可能深入开展多项的互动交流。

在关注学生学习情感方面"说学数学"这样做：说学课堂采用对学、群学、展示汇报、质疑，讨论、补充，教师点拨等教学策略，体现教学民主。课内和课外鼓励学生提出各种各样的问题，与教师与同学进行讨论、争辩，给学生提供产生灵感思维的机会，让师生之间和同学之间的心灵得以沟通。学生的思维避免了限制学习在愉悦的气氛中进行，奇迹往往就在这些过程中产生，学生的潜能往往在这样的经历中释放，新知往往在学生展示交流中内化，展示和合作成为课堂教学文化，生成质疑成为学生学习的状态，这样长期坚持下去，学生的情绪定能处于比较稳定的状态，也只有这样学生的兴趣才能得到保持。

（五）说学数学复习

说学数学从课前预习、课中探究、课后复习三个模块开展系统教学的。说学数学复习具体方法如下。

1. 基础复习，巩固方法。每节课后完成基础练习和针对性练习。学会反思、归类、整理出对应的解题策略和方法。

2. 查漏补缺，建立错题集。要求每位同学都要建立自己的错题集，并且利用好错题本。错题本定期翻阅，自查纠错。同学互阅，借鉴防错。错题集就是一本写满经验教训的指导书，我们获得教训的方式，可以是直接经验，也可以是间接经验。分类训练，全面整理。出错的地方，就是学习的难点所在。发现规律，抓住重点，就能有针对性地复习补救。

3. 搜集典型题，举一反三。要求学生搜集典型题、易错题、重点题。与"小对子"交换交流，能举一反三，融会贯通。

4. 形成体系，融会贯通。要求学生用思维导图梳理学习内容，把学习内容进行梳理，做成思维导图或知识卡片，会让学生的大脑、思维条理清醒，方便记忆、熟练掌握。而且提升了学生归纳总结的能力。同时，要学会把新知识和已学知识联系起来，不断糅合、完善学生的知识体系，达到融会贯通，使学生的思维更加活跃。

第四单元 知识点

比例尺
实际距离：图距÷比例尺＝实际距离
图上距离÷实际距离＝比例尺

比例

图形的放大缩小
- 图形放大缩小的特点：形状相同，大小不同。
- 图形放大缩小的方法：一看，二算，三画。

反比例和正比例
- 反比例：两种关联的量，一种量变化，另一种量也随着变化。
- 正比例：两种关联的量，一种量变化，另一种量也变化。

解比例：根据比例的基本性质，如果已知比例中的任何三项，就可以求出这个比例的另一个未知项，称叫做解比例。

比例的意义、性质
- 在比例里，两个外项的积等于两个内项的积，叫作比例的基本性质。
- 组成比例的四个数，叫作比例的项，两端的两项叫作外项，中间的两项叫作内项。
- 表示两个比相等的式子叫作比例。

比的性质
比的前项和后项同时乘或除以相同的数（0除外），比值不变，这就是比的基本性质。

比的意义
- 根据分数与除法的关系，写出比的前项相当于分子，后项相当于分母，比值相当于分母的商。
- 比的前项除以后项所得的商，叫作比值。
- 两个数相除，又叫两个数的比。
- "："是比号，读比。
- 比各部分的前项叫作比的前项，比号后的作比的后项。
- 因除法比比值，比的前项相当于被除数，后项相当于除数，比值相当于商。

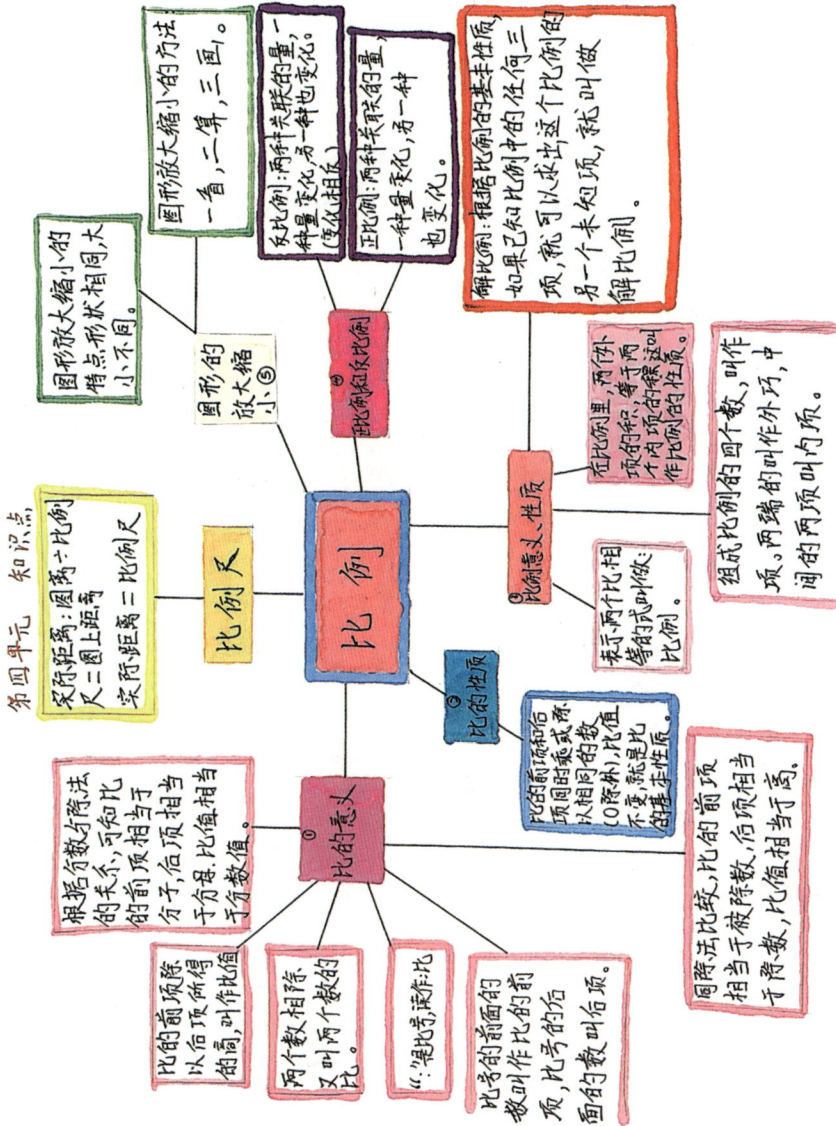

图 1-3 第四单元知识点（汪秀春）

第三节　对思维导图的认识

一、什么是思维导图

思维导图又叫心智图，是表达发散性思维的有效图形工具，它简单却又极其有效，是一种革命性的思维工具。思维导图运用图文并重的技巧，把各级主题的关系用相互隶属于相关的层级图表现出来，把主题关键词与图像、颜色等建立记忆链接 。早在 20 世纪 60 年代，英国心理学家东尼博赞提出了思维导图的概念，并认为思维导图是发散性思维的代表，也是人类思维的自然功能，同一时期，美国康奈尔大学诺瓦克博士根据奥苏贝尔提出了与思维导图相似的概念图，并将其运用到教学中取得了较好的效果，思维导图的研究在国外已经有了比较成熟丰富的研究内容。

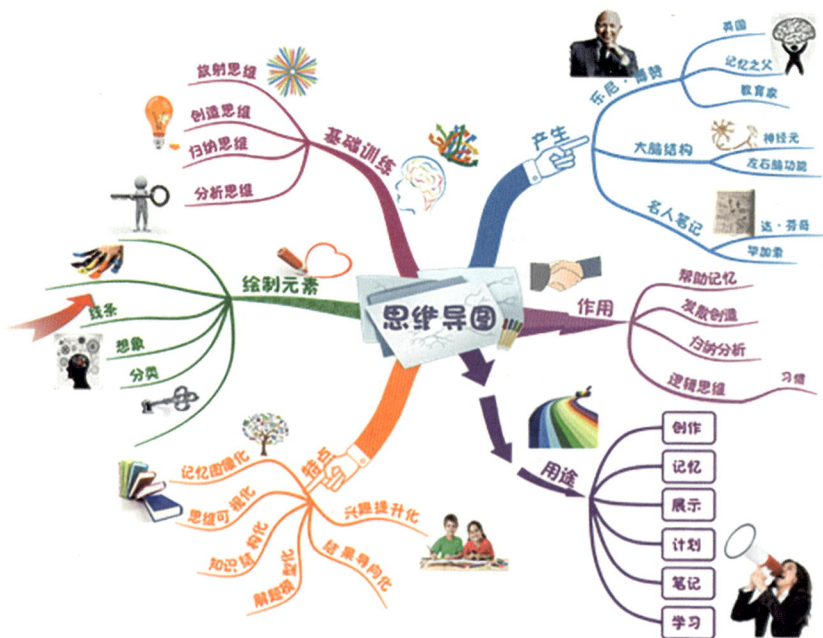

图 1-4　东尼博赞的"脑图"（网络图片）

现阶段国内教育领域有很多老师在尝试研究与实践，思维导图大多数与课堂教学结合起来，如赵国庆提出"对概念图思维导图本质的探讨"针对教师在发展概念图、思维导图教学应用中遇到的问题剖析，对开展概念图思维导图相关研究给出了建议，后续研究者引用其说法的也比较多，再如陈建华"思维导图领域的应用研究"进行了文献综述，通过对已有文章的整理，得出对数学教育的启示，这为思维导图在教学中的运用，开辟了一番新天地。翟树鸿对"小学数学课堂教学策略的研究"，对培养学生高阶思维有非常重要的指导意义。

思维导图是一种将思维形象化的方法。我们知道放射性思考是人类大脑的自然思考方式，每一种进入大脑的资料，不论是感觉、记忆或是想法——包括文字、数字、符号、香气、食物、线条、颜色、意象、节奏、音符等，都可以成为一个思考中心，并由此中心向外发散出成千上万的关节点。每一个关节点代表与中心主题的一个联结，而每一个联结又可以成为另一个中心主题，再向外发散出成千上万的关节点，呈现出放射性立体结构。

二、数学学科中的思维导图

小学数学，作为基础教育中的重要学科之一，对于培养学生的思维能力起着至关重要的作用。新课标也提出，数学教育在培养人的理性思维和创新能力方面不可替代。"小学数学课堂的教育是培养学生数学思维的重要途径。那么，如何培养学生的思维能力？利用思维导图工具，将学生的思维可视化，是非常值得我们一线教师一直坚持去实践的方法。因为，小学阶段的学生年龄从 7 岁到 12 岁。低段学生主要是形象思维为主，而四五六年级的学生，开始从具体形象思维逐步过渡到抽象思维。但是学生的抽象逻辑思维自觉性还较差，抽象逻辑思维发展也不平衡，思维缺乏批判性和灵活性。因此，教师在教学过程中，主动搭建从形象思维到抽象思维的平台，有利于学生数学思维的发展。

数学教学中应用的思维导图是学科思维导图，是把数学学习过程中，不可见的思维路径、思维模式、思考方法进行可视化的表达。从而更好地学习数学，理解数学，掌握数学思想方法，发展数学思维能力。这里的"学科思维导图"包括思维图示（圆圈图、气泡图、双气泡图、树形图、括号图、流程图、复流程图、桥型图）以及数学符号的灵活运用。不仅仅是对数学知识的罗列呈现，更重要的是通过这些方式，将数学的学习过程形象化、趣味化、思维化。从而，更好地提高学生的认知能力，促进学生数学思维能力的发展。常见图形如下（图1-5）。

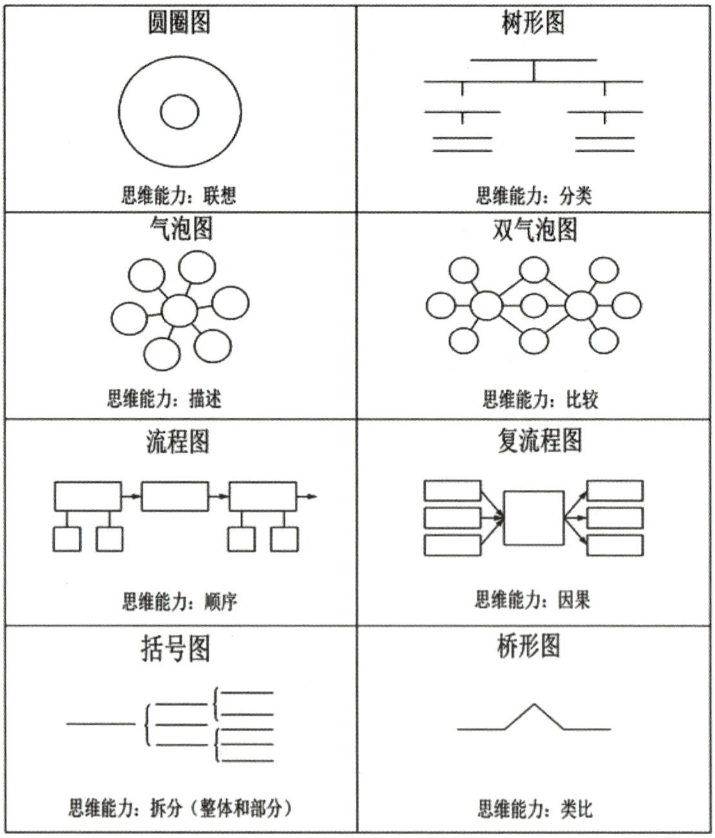

圆圈图	树形图
思维能力：联想	思维能力：分类
气泡图	双气泡图
思维能力：描述	思维能力：比较
流程图	复流程图
思维能力：顺序	思维能力：因果
括号图	桥形图
思维能力：拆分（整体和部分）	思维能力：类比

图1-5　思维导图类型

三、数学教学运用思维导图的优势

（一）具象可视学生思维

作为老师我们都知道，人的思维本身是无法被看到的，不论是老师还是学生都是一样，仅存于头脑之中，而思维导图利用图文并重的方式，使思维得以显现。老师教的过程，学生学的过程都可以用简单的图示展示出来，使抽象的数学变成形象的数学，这是学生更能接受的一种学习方式。

（二）锻炼逻辑思维能力

思维能力包括三个方面：记忆能力、理解能力、创造能力。这些能力的提升需要大脑不断的运作才能实现，不使用就容易反应迟钝，反而是越使用越灵活。绘制思维导图就是对思维能力的运用，能够指引、激发、组织思考，从而使学生能够习惯在系统的高度把握知识，养成联想思维的习惯和寻求事物之间内在联系的习惯，从而发展学生的思维。

（三）提升学生学习能力

思维导图对于学习来说最好的一点就是可以将复杂事物简单化。比如学习数学概念，有些孩子总是觉得难以记住，但是用思维导图通过联想或者形象记忆，就很容易把概念理解并以关键词的形式记住，再用时就可以复现了。

1. 降低数学的学习难度

因为数学知识的系统性和逻辑性较强，所以在后续的学习过程中可能会应用到以前学过的知识和概念，这就对学生的记忆力、应用能力和掌握能力提出了一定的要求。进行实际课堂学习时，学生不仅要在学习新知识时充分调动并运用以往的知识点，还要将其作为依据，对新学习的知识产生新的感悟与理解。而这往往是小学数学教学中的难点，也是学生在学习数学知识时产生畏难情绪的重要因素。要想解决这一问题应善于运用思维导图，因为思维导图可以帮助学生将各个知识点更加紧密地联系在一起，使学生形成特定的逻辑思维和知识框架，从而帮助学生更好地了解新旧知识，将抽象化的概念和定义以更加紧密的方式联系在一起，降低数学的学习难度。

2. 培养学生的核心素养

很多教师在看待数学这门学科时存在偏差，甚至将四则混合运算和几何图形问题的解答作为数学教学的唯一内容。事实上，数学学科的意义远不止于此，不仅要在数学教学中培养学生的逻辑思维能力，还要让学生利用数学知识解决实际生活中遇到的难题。思维导图在数学课堂中的应用，不仅能使学生养成一定的逻辑思维能力，还可使学生利用思维导图将杂乱无章的数学知识理顺，真正实现抽象与具体、杂乱与有序之间的有效转换。通过长期使用，学生不仅会在数学知识的学习中养成一定的创新意识，还会培养数学素养和核心技能，是提高学生数学学习水平与能力的有效方法之一。

3. 建立知识网络结构

在素质教育的号召下，新课改着重要求学生全面发展。思维导图是一个极佳的方法，在制作思维导图的过程中，学生逐渐培养自身合作学习的能力，知识整理、归纳、总结能力，以及自主学习能力和激发创造力等。同时，无论是教师课堂教学制作思维导图，还是学生独立、小组合作完成思维导图，学生都能通过思维导图系统全面地展现出相关知识点，从中发现不足之处，进而加强学习。因此，无论是小学数学里的概念教学，还是问题解决、收集整理错题和单元复习整理等应用思维导图，在很大程度上能帮助学生突破重难点，提高学习效率。同时，学生潜移默化地在头脑中建立起相应的知识网络结构，还养成自主学习的习惯。

4. 激发数学思维兴趣

思维导图是图形思维的表现，是形象的成果。在小学数学教学中，关于思维导图的应用，教师首先通过绘图、识图、用图、交流图等一系列的活动，帮助学生建立数形结合的思想，并培养其数学思维。所以，久而久之，对思维导图应用的训练，学生对数学问题解决有一定的数学思维，并在解决问题中获得成就感，激发起对数学的兴趣。

5. 活跃课堂氛围

小学生本身思维比较活跃且好动，教师可利用思维导图鼓励学生发言，充分调动学生的兴趣从而活跃课堂。比如整理复习三角形的相关知识，教师可采取分组合作制作思维导图，总结三角形的知识，然后请各小组代表发言，各组成员可补充，又快又完整的小组要给予表扬，完成小作业的小组给予鼓励。这样就将一节枯燥的数学课变为每位学生都积极参与，从而营造了一种积极学习的课堂氛围，提高学生的学习效果。

第四节　思维导图与深度学习的关系

2022 年4 月份，教育部颁布了《义务教育数学课程标准（2022 年版)》。课程目标的确定，立足学生核心素养的发展，体现了数学课程育人的价值。数学课程要培养的学生核心素养主要包括三个方面：一是会用数学的眼光观察现实世界，二是会用数学思维思考现实世界，三是会用数学语言表达现实世界。

本书中我们所探讨的思维导图、深度学习、说学表达三者的关系，可以理解为深度学习是目标，也是过程；思维导图是工具，也是表达力的内在支撑；"说学数学"是利用思维工具向目标进发的"阵地"，也是教学活动发生的"展台"。"说学数学"提供了环境，思维导图促进深度学习的发生，深度学习使得"说学数学"更加丰富和饱满，提升课堂实效。

一、思维导图与数学活动

在义务教育阶段，数学语言表现为数学意识或数据观念，模型意识或模型观念，应用意识。我们认为，在数学活动中应用的思维导图，可以看作为一种"数学语言"，它用简洁的语言与优美的图形，有意识地表达现实生活与其他学科事物的性质关系和规律，并能解释这样表达的合理性。

思维导图用"画"的方式记录学生思维和创作的过程，是一种简单而有效的学习工具。我们认为在小学数学课堂中适时适度应用思维导图，"以图导学，提升思维品质；以图导思，搭建思维支架；以图导情，拓展思维深度；以图导法，创新思维方式"的策略，会让表达与思维有机结合，让内容与形式和谐统一，促使学习者达到"知识、领会、运用、分析、综合及评价"六个层次认知领域，发现问题，追根溯源，实现深度学习，让"说学数学"课堂更有价值。

二、思维导图与深度学习

（1）思维导图运用图文并重的技巧，把各级要素的关系用相互关联的层级图表现出来，形成一个树状的结构图，图可以用不同的线条、色彩、图像等来表示。即把所学到的数学知识组织在这样联结而成的图形上，从而建立起自己的知识结构图，这种知识之间关系的结构图就是思维导图。

（2）深度学习被广泛地应用到教育教学、社会工作等实践活动中后，1956年，布卢姆将认知领域目标分为"认知、领会、运用、分析、综合及评价"六个层次。能够达到这六个层次的完全化，无疑就是能够达到了深度学习的目标。因而，整体的深度教学领域也是围绕着这样的教育目标来展开教学活动的，只要达到了这六个层次就可以认为深度学习活动得到了有效的完成。

（3）思维导图与深度学习的相互促进。应用思维导图可以把零散的知识按照一定的逻辑、类别、结构组织起来，形成一个完整的知识系统。所以思维导图既是一种思维工具又是一种学习方法——把书由厚读薄的方法。而思维导图的读图、构思以及制作，无疑是一种对于知识领会、运用、分析和综合的过程，因而思维导图与深度学习相互结合，是十分有必要的。

思维导图结合小学数学课堂与小学生身心特点，能帮助学生建立数学意识和模型思想，逐渐形成利用数据分析、综合的习惯。我们将思维导图应用于小学数学课堂教学尝试，总结教师如何合理运用思维导图进行课堂教学和学生如何合理、有效运用思维导图进行学习、复习、建构，引发深度学习。

绘制思维导图，必须完全掌握每个关键词、图像背后代表的意图，对于学生能否将每幅思维导图转化为长期记忆甚至新的创意帮助很大。思维与导图之间的互相促进，还体现在以下几个方面。一是全面把握。思维导图的首要策略就是先对素材做全面了解，正如做身体检查先做个X光片一样，医生要对你的整个身体做一次通盘性的观察。二是整合记忆。思维导图的神奇功能在于有效整合左脑擅长的文字理解力和逻辑判断力，以及右脑擅长的图像处理能力。如何将左右脑系统性的结合，是思维导图最大的魅力所在。三是聚焦学习。思维导图强调去伪存真，掌握少数关键，以求快速集中学习焦点，分析脉络。调整左右脑的最大专长，找出不同事物之间的关系，事物解析的超强能力上。四是手写记忆。思维导图可真的是"眼高"，快速找出关键词和关键点，绘图帮助记忆，通过手眼协调运作产生的思维导图，能把用眼睛接收的信息，用文字与图像并重的手写记忆形式，输入到长期记忆中去。思维导图最大的特色之一是亲自描绘出关键词所代表的图像。它更清晰地透过图像的引导，让学生脑海中还原出教学的重点。

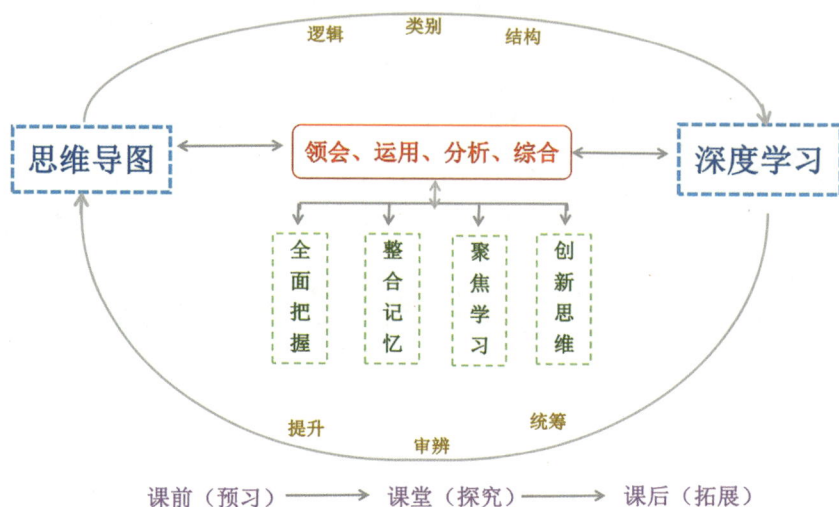

图1-6　思维导图与深度学习相互促进的关系（王芳）

第二章　教师思维导图应用能力的培养

在新课程改革的背景下，教师被定义为学生学习的合作者，学生学习的引导者，学习活动的参与者。新课程改革告诉我们，传统意义上的"以教师的教"为主体的课堂教学转变成了"以学生的学为主体"的课堂教学，被动学习向主动学习跨越。激发学生学习的主动性成为新课程下教学的主要方式。学生在学习的过程中和教师是平等的地位，但是从知识层面学习方法、情感交流等方面来讲教师仍然是学生的指导者，学生的主观能动性需要教师进行科学的引导，合理地辅助学习才能使学生提高学习能力，经历知识形成的过程，习得获取知识的方法与途径。所以说"教师是学生学习的引导者"在新课程改革中尤为重要，仍不可忽视。我们"说学数学"在教学中提倡"双主体""双客体"的地位。要想学生能够会使用思维导图进行学习，作为引导者的教师必须首当其冲对思维导图有研究，并把思维导图运用到自己工作的各个方面。

第一节　运用思维导图完成备课

一、运用思维导图备课的优势

传统的教学设计通常的工具是纸和笔，教师需要在大脑中构思很

027

久，当在纸上完成教学设计，很多灵感已随着时间的流逝而消失了。在设计过程中，思维也比较零散，教学目标在教学过程中可能没有很好的落实。使用思维导图利用发散思维和联想，把零散的知识点都列在图上，在头脑中形成全景图后，全面整合知识体系。设计知识点的授课方式，需要根据学生的认知能力和知识结构创设情境，更有效的激发学生的认知冲突，并在教学过程中有效的对重难点进行突破，教学设计更加系统，科学的提高了教学设计效率，同时，在同一张图上呈现前期分析教学目标，教学重难点，教学过程一目了然，设计过程中能前后对照反思自己的教学评价是否到位，重难点设置是否合理，难点是否采用有效策略，在教学过程中予以突破从而提高教学设计的质量。

（一）提高备课效率

使用思维导图方式备课可以提高备课的效率和质量，达到"减负增效"的目的。这种备课方式使教师在较短的时间内全面系统地整合知识，梳理各种观念和想法之间的关联性，虽然写的字少了，但表达出来的思想却更多了，既防止了无谓的负担，又增加了备课的时效。

随着新课程改革的不断推进，我们越来越需要"为学而设"的备课，需要站在学（学生、学习）的角度去备课，需要"思维含量"的备课，需要"学情预设"，需要"备以致用"的备课。由于小学数学是一门知识体系比较完整的学科。每个专题的知识点是具有相对的独立性和系统性，所以利用思维导图进行备课，能收到很好的教学效果。

（二）明晰思想方法

使用思维导图备课，可以清晰描绘方法和思想。思维导图是用大量的图像、符号、颜色线条，充分发挥想象，联想和创造力，建立起来的丰富、系统的知识网络。思维导图又称心智地图，它是用一个中央关键词或想法，以辐射线连接所有的关键词、想法、任务或其他关联项目的图解方式，用思维导图运到小学数学备课中可以让老师们用思想备课，让每个教师的备课本成为思维的草稿本，所以我们认为教师的备课可以乱，但不可以没有思想，唯有思想才能生成既有效又精彩的备课。

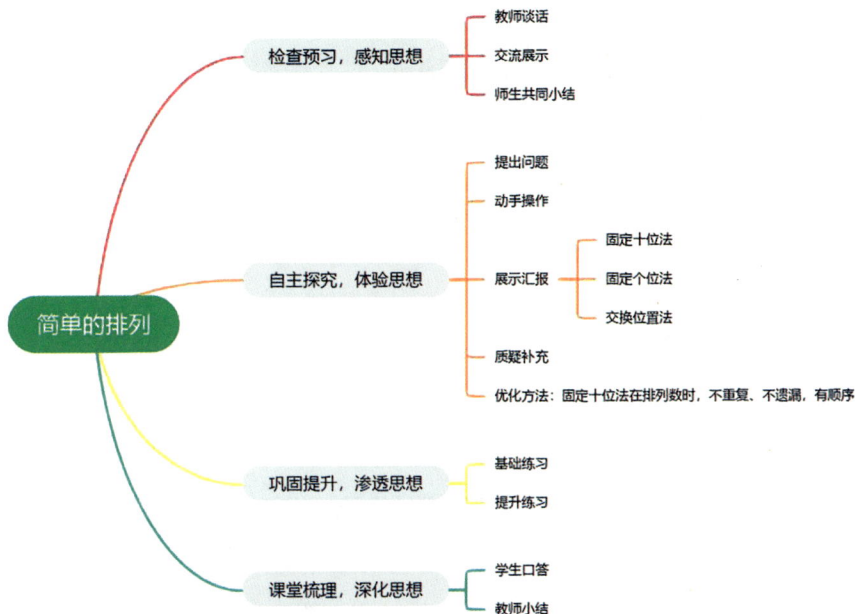

图2-1 人教版数学二年级上册"数学广角"《简单的排列》（季春燕）

人教版数学二年级上册《简单的排列》备课说明

《简单的排列》是人教版数学二年级上册"数学广角"第一课时的教学内容，其意图在于系统而有步骤地把一些重要的思想方法，通过学生可以理解的、日常常见的最简单的事物呈现出来，直观地向学生进行渗透，排列不仅应用广泛，而且是后面学习概率统计知识的基础，同时也是发展学生抽象能力和逻辑思维能力的好素材。第一环节检查预习，渗透思想。旨在将知识的学习渗透在生活经验中，使学习生活化。并且在知识点的前后联系上做足功夫，体现出数学教学的细节魅力。第二环节自主探究，体验思想。从细节之处突破学生学习的难点，将知识进行分解。通过摆一摆，让学生亲自经历学习过程，知道数字交换位置就变成了另一个数，与顺序有关，从而感知排列，也培养了学生的逻辑推理能力。第三环节巩固提升，渗透思想。通过1、2、3和4、6、9这两组从3个数中选2个数组成两位数的个数总结出一般的规律。再从0、2、3这三个数字组成两位数的个数和其他任意3个数字组成两位数的个数，使学生体会规律的一般性和特殊性。第四环节课堂梳理，深化思想。不仅让学生厘清一节课所学的知识，渗透的数学思想，而且还要注重对学生情感态度、价值观的培养，为学生的健康成长奠定良好的基础。

(三) 探索形成策略

使用思维导图备课，可以通过实践探索形成策略。思维导图备课与传统的线性备课相比，你会发现，它可以帮助我们在备课时建立系统研读的全景图，特别凸显知识的生成性。思维导图是思想转化为行动的具体表现，备课时的每一张思维导图就如同课堂之旅的航海图。它能帮助我们准确锁定教学目标，进行条件联想以对接关注问题本质，抓住核心和关键，有了思维导图备课教师能更清晰地选择适合自己的教学航线和方法。

(四) 全景呈现设计

思维导图支持的教学设计包含着教学目标、教学重难点、学情分析、教学准备、教学过程及教学反思等内容，教师在前期分析基础上确定教学重难点，根据前期分析和课程标准确定教学目标，在教学法基础上确定教学流程，教学评价用于三维目标的落实程度，在思维导图上呈现了教学设计的全景图。思维导图制作的教学设计图，逻辑结构非常清晰，教师在经历了这样的思维发散之后，在导图中呈现自己的思维过程，在教学过程中，按照自己的思维过程进行教学就可以很好的达到教学目标，同时对教学的生成过程缓解，也能掌控自如。此外，在思维导图中，将各个关于教与学的活动与关于学生分析和教学目标的相关节点用连线联系起来，构建起了教学设计各要素之间的联系，相互之间产生了联想运用思维导图的教学设计起点与终点，建立联系帮助将活动设计建立在前期分析基础之上，使得教学设计中各个要素成为一个有机的整体，他倡导从终点所破求的结果出发，开始设计活动，要求教师在确定了所追求的结果后，首先考虑评估的方案，再策划具体设计活动。

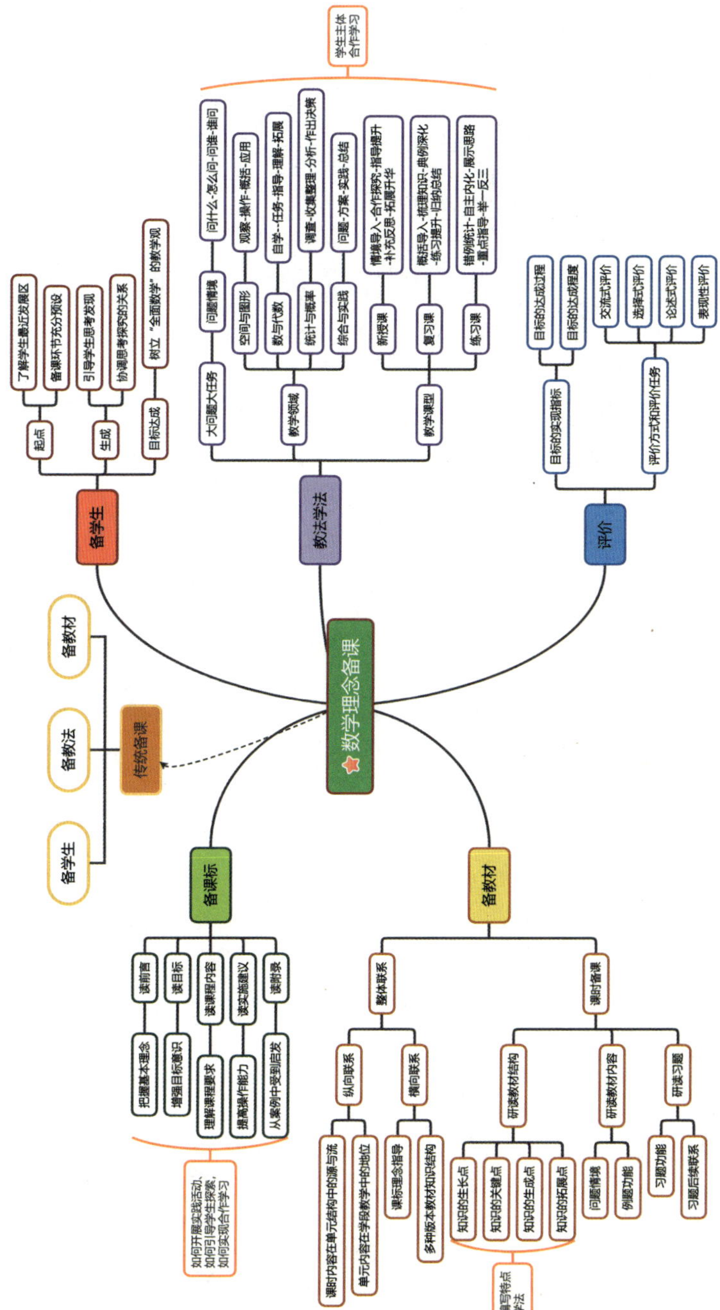

图 2-2 数学理念备课 (沈艳玲)

数学理念备课说明

传统意义上的备课：备教材、备学生、备教法

新课程的备课：备课标、备育人、备资源、备教材、备学生、备教法与学法

我的学生在哪里？要去哪里？怎样去？是否到达？站在学生学的角度我们要从课标、教材、学生、教法、学法、评价等方面钻研备课。

一、如何研读新课程标准

第一，读"前言"，把握基本理念；第二，读"目标"，增强目标意识；第三，读"实施建议"，提高操作能力；第四，读"附录"从案例中受到启迪。学生学习应当是一个生动活泼的、主动的和富有个性的过程。除接受学习外，动手实践、自主探索与合作交流也是学习数学的重要方式。学生应当有足够的时间和空间经历观察、实验、猜测、计算、推理、验证等活动过程。如何开展实践活动、体现如何引导学生探索，如何实现真正有意义的合作学生？

二、读懂教材

要用整体联系的观点解读教材。

纵向分析、横向分析，从课标入手，不仅联系前后知识，找准起点和落脚点，还要分析各版本教师的异同，找准知识的生长点。

研读教材内容的结构，读懂教材的呈现方式，理解习题的编排，联系前后知识。

三、备学生

作为教师不要过多地考虑怎样教，而要充分地考虑学生怎样学，站在学的角度设计教学，你的课堂将会更有效！

1. 读懂学生已有的（起点）；理解学生从实际背景中抽象出数学问题、构建数学模型、寻求结果、解决问题的过程。

2. 读懂学生过程中思考的方法（生成），让学生有足够的时间和空间经历观察、实验、猜测、计算、推理、验证等活动。

3. 读懂学生留下的（目标达成程度），把目标从"双基"拓展为"四基"，在活动的过程中"读懂学生"，在"四基"并重的基础上真心读懂学生，树立基于"全面数学"的教学观。

四、备教法与学法

课型不同，教法稍有不同，相同之处是要注重师生互动、生生互动，从而激活思维，备课中精心备"问"，用问题串起数学活动。

教学过程中清楚的知道每个问题，问什么？怎么问？谁来问？要问谁？

五、备评价

教学呈现教学评一体化，从目标的实现指标、评价方式和评价任务两个方面进行评价设计。

评价方式可以有以下几种：

1. 交流式评价，通过课堂上提问和回答、对话、口头测验等方式评价。

2. 选择式评价，通过选择题、正误判断题、匹配题、填空题等评价。

3. 论述式评价，通过论述题、解答题等评价，涉及理解、分析、应用等概念性的知识。

4. 表现性评价，评价学生技能、能力的表现，表现分作品、行为、过程。

作品：如考察报告、研究报告、论文、诗歌、思维导图、概念图等。

行为：如使用显微镜、角色扮演、演讲、演奏乐器等。获取"学习表现"的渠道。

```
                                    ┌─────────────────────────────────────────────┐
                    ┌──────────────┤ 1、结合具体情境和实践活动，经历探索长方体、正方体体积的计算方法，掌握并能 │
                    │ 教学目标      │ 正确计算长方体、正方体的体积。                  │
                    │ 教学重难点    │ 2、经历观察、猜测、操作、探索、验证的过程，发展动手操作、抽象概括、归纳推理 │
                    │              │ 的能力，进一步发展学生的空间观念。             │
                    │              │ 3、运用体积计算公式解决一些简单的实际问题。      │
                    │              ├─────────────────────────────────────────────┤
                    │              │ 1、使学生理解长方体的体积公式的推导过程，掌握长方体体积的计算方法。 │
                    │              │ 2、理解长方体体积公式的推导过程。              │
                    │              └─────────────────────────────────────────────┘

                    │ 学情分析      │ 学生生活在一个由形体组成的现实世界里，日常生活
                    │              │ 中积累下的对图形世界的感知、表象和思考构成了学
                    │              │ 生丰富的经验背景，成为他们认识"空间与图形"的
                    │              │ 重要物质基础。由此积累下的丰富活动经验以及初步
                    │              │ 形成的空间观念也构成了他们学习本节数学内容的重
                    │              │ 要方法基础。
```

长方体和正方体的体积

教学目标 教学重难点

学情分析

教学准备
- 教师准备 → 多媒体课件、说学稿、学习单、小长方体盒子
- 学生准备 → 每组若干个棱长1厘米的小正方体。

教学过程
- 一、联系旧知，提出猜想
- 二、动手操作，实践验证
- 三、迁移类推，自主探究
- 四、回顾反思，梳理小结
- 五、用以致学，思维延伸

课后反思

本节课在有效的预习前提下，通过学生的自主探究，合作交流，利用多媒体的直观教学，逐步引导学生在生生交流汇报，质疑补充中探究出长方体和正方体的体积公式。课堂分为五个环节，每一个环节的设计都注重测量意识的渗透，且每一个环节都联系的非常紧密，不仅让学生掌握了基本知识，基本技能，而且对基本思想和基本活动经验也有了更深刻的理解，提高了学生的应用能力，促使学生深度学习，深度梳理，让学生学会了学习。

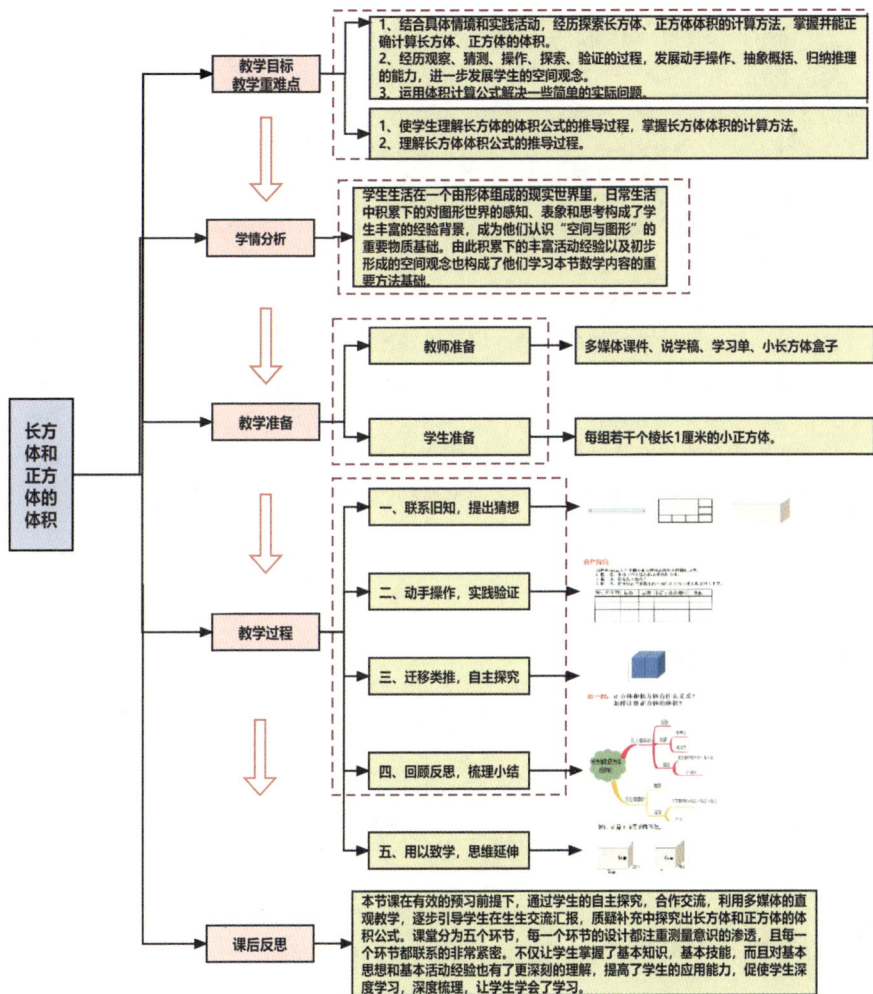

图 2-3 《长方体和正方体的体积》（沈艳玲）

《长方体和正方体的体积》思维导图设计意图

　　《长方体和正方体的体积》是人教版数学五年级下册第 29、30 页的内容。本课是在学生已经探索并掌握长方形、正方形以及其他一些常见多边形的特征，并直观认识长方体和正方体的基础上进行教学的。从研究平面图形到研究立体图形，是学生空间观念发展的一次飞跃。通过学习长方体和正方体，可以使学生更好地以数学的眼光观察、了解周围的世界，形成初步的空间观念；同时也能为进一步学习其他立体图形打好基础。

　　本节课设计以学生预习为依托，说学稿的设计注重唤醒学生的元认知，从线段、平面图形、立体图形有序的出发，渗透了度量意识，为学习长方体和正方体的体积奠定基础。在合作探究过程中，让学生经历了探究数学知识形成的过程，通过动手操作，对比观察，展示汇报，梳理小结，迁移类推等学习方式，尽可能地挖掘学生的自主潜能，让学生通过自己努力，解决问题，发现规律。引导学生用数学的眼光去观察图形，用数学的思维去分析图形，用数学的语言去表达图形的规律。

　　学生在用思维导图梳理本节课收获时，学生关注了基础知识、基本技能、基本活动经验和基本思想的梳理。用思维导图梳理了长方体和正方体体积探究的过程，通过观察、猜测、操作、探索及验证活动，通过枚举法和找规律，探究出了长方体和正方体体积公式=长×宽×高，用字母表示为 $V=abh$，通过长方体和正方体公式进行推理得到正方体体积计算公式=棱长×棱长×棱长，用字母表示为 $V=a·a·a=a^3$。不仅培养了学生抽象概括、归纳推理的能力，也发展了学生的空间观念，并且提高了学生运用体积计算公式解决一些简单的实际问题的能力。

（五）优化课堂教学

　　在小学数学教学中，问题解决中的数学知识尤为抽象，学生也不能轻易理解掌握，若教师一味采取口头阐述的形式进行教学思维，较好的学生尚能理解其中缘由，而思维不好的学生可能越听越糊涂，甚至不知所云，但是，采取思维导图也是应用数形结合的方法，将题目中已知信息转化为图形，教师再加以解释，学生就迎刃而解了，小学数学中还有很多知识点，多种类型课堂，比如图形的知识点、概念点、复习点，都可以借助图象的直观性提升课堂教学的效果。

（六）促进教学反思

　　课堂教学上巧妙的应用思维导图不仅有效提高课堂教学效果，而且教师可以通过思维导图发现学生知识的掌握程度及知识点薄弱之处，从而采取有效措施帮助学生对相应的知识点加以理解，应用思维导图在一定程度上帮助教师自主地进行教学反思，使教学更加严谨，从而提高教学效果。

人教版数学四年级下册全册备课

一、教学内容和教学目标

本册教材包括下面一些内容：小数的意义与性质，小数的加法和减法，四则运算，运算定律与简便计算，三角形，观察物体，图形的运动，平均数与条形统计图，数学广角和数学综合运用活动等。小数的意义与性质，小数的加法和减法，运算定律与简便计算，以及三角形是本册教材的重点教学内容。

这一册教材的教学目标是，使学生掌握以下几点：

1. 理解小数的意义和性质，体会小数在日常生活中的应用，进一步发展数感，掌握小数点位置移动引起小数大小变化的规律，掌握小数的加法和减法。

2. 理解四则运算的意义，掌握四则运算中每种运算各部分间的关系，探索和理解加法和乘法的运算定律，会应用它们进行一些简便运算，进一步提高运算能力。

3. 认识三角形的特性，会根据三角形的特点给三角形分类，知道三角形任意两边之和大于第一边以及一角形的内角和是180°。

4. 能辨认从不同方位看到的物体或几何体的形状图；能在方格纸上补全一个轴对称图形，会在方格纸上将一个简单的图形沿水平方向或垂直方向平移。

5. 了解平均数的意义，会求简单数据的平均数（结果是整数）；认识不同形式的条形统计图，初步学会简单的数据分析，体会统计在现实生活中的作用。

6. 体会解决问题策略的多样性及运用假设的数学思想方法解决问题的有效性，感受数学的魅力。形成发现生活中的数学的意识，初步形成分析及推理的能力。

7. 经历从实际中发现问题、提出问题、分析问题、解决问题的过程，体会数学在日常生活中的作用，初步形成综合运用数学知识解决问题的能力。

8. 体会学习数学的乐趣，提高学习数学的兴趣，建立学好数学的信心。

9. 养成认真作业、书写整洁的良好习惯。

二、教材的编写特点

本册教材对于教学内容的编排和处理，是以整套实验教材的编写思想、编写原则等为指导，力求使教材的结构符合教育学、心理学的原理和学生的年龄特征，继续体现前几册实验教材中的风格与特点。

1. 改进四则运算的编排，加强对知识的整理和概括，促进学生思维水平。

四则运算的知识和技能是小学生学习数学需要掌握的基础知识和基本技能。以往的小学数学教材在四年级时要对此前学习过的四则运算知识进行较为系统的概括和总结，如概括出四则运算的意义和运算定律等。对于这些相关的内容，本套实验教材在本册安排了"四则运算"和"运算定律与简便计算"两个单元。但是"四则运算"单元的教学内容主要包括四则混合运算和四则运算的顺序。而关于四则运算的意义，则根据"结合具体情境，体会四则运算的意义"的要求未进行概括，从而简化了教学内容降低了学习的难度。

2. 认识小数的教学安排，注重学生对小数意义的理解，发展学生的数感。

从本学期开始，学生将要系统地学习小数的意义和性质、小数的四则运算。小数在日常生活中有着广泛的应用，因此进一步学习数学和其他学科所必需的基础知识，因此同整数知识一样，小数知识也是小学数学教学的重要内容。

3. 提供丰富的空间与图形的教学内容，注重实践与探索，促进学生空间观念的发展。有关研究表明，儿童时代是空间观念的重要发展阶段，在小学阶段学习一些空间与图形知识，并在其过程中形成空间观念，对于学生进一步学习几何知识及其他知识、形成空间想象力有积极的、重要的影响。

4. 加强统计知识在解决问题中的教学，使学生的统计意识和数据分析观念得到提升。

5. 继续处理好"解决问题"的教学，为培养学生解决问题的能力提供丰富而可操作的案例。

6. 有步骤的渗透数学思想方法，为学生获得数学基本思维、积累数学活动经验提供更多的机会。

7. 情感、态度、价值观的培养渗透于数学教学中，用数学的魅力和数学的收获激发学生的学习兴趣与内在动机。

三、课时安排

1. 四则运算（6课时）
2. 观察物体（2课时）
3. 运算定律（7课时）
   （1）加法运算定律（3课时左右）
   （2）乘法运算定律（4课时左右）
4. 小数的意义和性质（15课时）

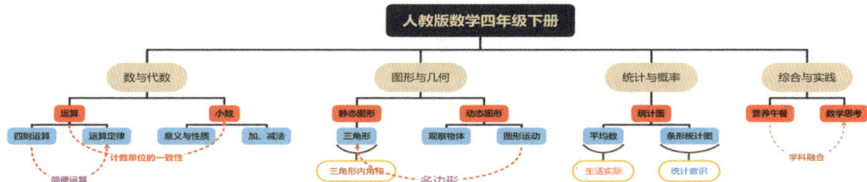

图2-4　人教版数学四年级下册（马娟）

人教版数学四年级全册思维导图备课设计说明

人教版数学四年级全册知识可分为四大领域：数与代数、图形与几何、统计与概率、综合与实践。

数与代数领域分为运算与小数，运算包括四则运算和运算律，四则运算和运算律之间沟通简便运算。而运算与小数之间有着整数和小数计数单位的一致性，这是小数教学中最重要的知识，也是学习小数的基础与产生。

图形与几何分为静态图形与动态图形，静态图形分为三角形，动态图形分为观察物体和图形运动。三角形、图形运动、多边形有着深刻的联系，三角形的定义是：由三条线段首尾相连所围成的封闭图形，是三角形。角有两种定义：1. 由1个端点发出的2条射线组成的图形叫做角；2. 角可以看成是一条射线绕着它的端点从一个位置旋转到另一个位置的图形。从以上可以看出，角围成三角形，而三角形围成多边形，这与图形的运动离不开联系。

统计与概率中主要涉及平均数和复式条形统计图，平均数与生活实际联系比较密切，而复式条形统计图则培养学生的统计意识。

综合与实践分为营养午餐与数学思考，主要体现主题式学习和项目式学习，体现学科融合，是未来发展的方向。

总的来说，运用思维导图备课，可以提高教师的思维力、创造力，可以节省工作时间，减轻工作负担。运用思维导图备课，可以让你清楚的看出每一节课的各个主要环节的构造，并清楚看出与各个主环节的关系，符合了我们复杂的思考模式，这是一般传统纲要式的备课所无法做到的，互联互通利用思维导图备课，突破传统的线性记录单的弊端，更加注重思维的放射性，注重了思维之间的连接，这种视觉的呈现方式，能够帮助教师以 360 度的角度思考教学问题，并尽早增加思考弹性及教学灵活。全脑科学专家提出人的神经元中突出的连接密度，决定人的聪明程度，同理，备课笔记的连接密度决定课堂教学就是有效的。

二、教师专业素养助力思维导图的思维含量

数学绝不是解决几个数学问题，数学教学也不是仅仅教学生学会解题，数学教学的价值体现在对人的思维能力的发展上，也就体现在分析和解决问题的方法上。教师只有掌握了一定的数学思想方法，在教学中才能游刃有余，才能把学生教活，使学生的学习触类旁通。不然对小学生而言，更多的是探索知识和解决问题的过程中受到常用数学思想方法的熏陶。学生信赖、尊重、热爱教师，往往到了崇拜的地步。学生在学习生活中的喜怒哀乐，情感变化与教师的工作有密切的关系。教师的专业素养的高低直接影响着教学质量，影响着学生素养的形成。那么，小学数学老师应该具备哪些素养呢？

（一）职业道德素养

作为一名数学教师和其他学科教师一样，职业道德素养应该放在首位。热爱教育事业，促使教师从素质教育的高度研究探索教育规律，奉行教书育人的宗旨；热爱学生，坚信以自己坚定的信仰去指导学生确立正确的人生方向，以自己的人格力量去感染学生，求做真人真事，以自己严谨的治学态度去影响学生热爱知识；热爱学校，倾力关心学校的发

展、远景谋划，促进教师之间的谦虚礼让、团结协作；热爱所教学科，一定要熟悉和精通小学数学教学中的各方面知识，为了胜任所教学科自觉地学习教育学、心理学、教学论、教育测量、教育评价等方面的理论知识。

（二）扎实的专业知识

作为一名小学数学教师要有专业的知识素养，首先要有扎实的数学专业知识基础。数学专业知识就是教师学科素养的基础，数学学科逻辑性强，每个学段的内容都是螺旋上升的。老师要对小学六个年级所有教材有个纵向通识，才能将本学段的教材把握好。新课改后新教材的教学内容比旧教材知识面更广，这需要教师有较高的数学专业素养和数学文化底蕴，要有全面把握数学学科知识的能力。能用发展的眼光看待自己的教学，为学生的进一步学习打下扎实的基础，只有对所教的学科知识体系有了深入的了解，才能设身处地地用学生的眼光看待教材，使自己的教学真正切合学生的实际需要，促进学生的有效发展。

（三）广博的文化素质

要具备广博的文化素质，要认真学好教育理论，要用科学的态度和工作方法搞好教学工作。要努力提高教学基本功，语言准确生动简练，富有逻辑性。要熟练的掌握和正确运用小学数学教材中的教具、学具，能根据需要自己设计制作教具，指导学生制作学具。

（四）敏锐的创新素养

教育要创新，首先要拥有一批具备创新素养的教师，只有创新型的教师才能实施创新教育，才能培养出创新型的学生。小学数学教师的创新素养，最重要的是引导创新意识，其核心是推崇创新，追求创新。小学数学教师具备创新素养，才能在教学中开发学生的创造潜能，培养学生的创新意识和创新能力；具有创新素养的小学教师才能在小学教学中营造民主宽松的学习环境和学习氛围，培植学生学习的自信心和主动意识，鼓励独立思考、自主探究、合作学习，激活想象力和创新思想。

（五）积极探索的实践素养

数学知识的教学和训练不能代替数学实践和实践中的经验积累。在数学教学中，要注重语言的积累、感悟和运用，注重基本技能的训练，要让学生在实践中理论与实践相结合，加深学生的体验和领悟。小学数学教师实践素养主要表现在让每个学生动脑、动口、动手，让讨论、游戏、表演、欣赏和评价等进入课堂实践活动，贯穿于教学的全过程。

（六）"说学数学"的素养

因为"说学数学"教学是真正的学生的课堂，是以培养学生核心素养为目标的教学，教师在课堂上要显得"若有若无"，成为学生的合作者，只在需要点拨时出现，其实对老师的素养要求更加全面。

1. 让学生成为"主角"的素养

孩子才是课堂的主人。我们在课堂教学中应多注意引导学生观察、思考和操作，更多的让学生参与到整个数学知识的形成过程中来，使他们在经历从感性到理性，已知到未知的学习活动之中，逐步把知识内化，从而发展智力，形成素养。

因为"说学数学"课堂凸显学生主体地位，与传统教学相比最大的特点就是课堂有显著的"学生文化"：话语权在学生手里。课堂一改传统教学"教师讲学生听"的模式，而是变成了"学生探""学生讲""学生辩""学生评"的状态。老师要对自己"狠一点"，管住多年来的什么都想"讲"的念头；对学生"宽一点"，舍得放手，要为学生创造机会。这需要老师具有较强的凝炼核心问题的能力，整合教学环节的能力等，这样才能保证老师从讲台上"退下来"，学生才能"上得去"，让学生站在课堂的中央。

"说学数学"追求互动生成的课堂教学。学生成为课堂真正的主人，是老师造就的。"说学数学"大多采用多层并进，快乐交流的形式进行课堂教学，有知识技能方面的发展要求，有思维能力方面的发展要求，还有情感态度方面的发展要求。在教学形式方面，让所有的学生动起来、活起来、乐起来。

"说学课堂"是真实的课堂，摒弃演练和作假；是有效的课堂，追求简单和实用；是生成的课堂，需要耐心和智慧。"说学数学"教学的过程是"冰冷的美丽"转化为"火热的思考"，让学生用简单的方法解决数学问题，让学生在实际应用中学习数学，让学生在熟悉的生活情境中学习鲜活的数学。

"说学数学"教师要造就学生成为课堂的真正主人，意味着相信学生中蕴藏着巨大的智慧。教师的成就是为学生创造条件，把舞台让给学生，一个个学生便会慷慨激昂，引发学生之间的聪明才智的相互激发，这才是教育的意义——学生的发展得到具体的表现。

"说学数学"教师要让孩子"站在课堂的中央"，概括起来要做到以下几方面。

（1）转变观念，摆正师生位置。把学生的主动权还给学生，就是要倡导自主探究、合作交流、实践创新的学习方式；确立"以人为本，以学为本"的观念，尽可能地给学生提供自主探究、合作学习、独立获取知识的机会，尽可能多地让学生体验学习数学的快乐。要让学生成为课堂上真正的主人，首先教师要更新教育观念，树立新的教育理念，运用新的教学方法，采用新的组织形式，尽可能的使用新的教学手段，树立尊重学生、相信学生，放手让学生自己学的观念。

（2）留有空间，创新学习氛围营造。在教学中，教师要依据学生的心理特点和知识水平，尽量减少对学生的限制，给学生足够的自主活动空间，从学生学习的角度来设计教学过程，给学生提供自主探索的机会，让每个学生在参与中得到发展。凡是学生能够自主探索出来的，教师绝不代替，凡是学生能够独立发现的解决的，教师绝不暗示。教师做到"三讲三不讲"。"三讲"易错易漏的知识讲，重难点讲，拓展性内容的讲。"三不讲"学生会的知识不讲,通过自学能学会的知识不讲,讲了学生也学不会的知识不讲。"不讲"的内容不是不学,而是放给学生自学交流,"讲"的内容也不是教师一个人讲,而是师生互动,由学生来主讲,老师适度点拨即可。

(3)变革方式,弘扬学习主体性。小学生的数学学习方式是多种多样的,操作实践、自主探索、大胆猜测、合作交流等都应成为数学学习的开拓方式。说学课堂教学中教师要倡导新的学习方式,创造一种开放的积极互动的课堂文化。从被动接受知识变为主动探索、合作探究,每个学生有机会参与讨论,在讨论中充分享有发言权,把自己的观点想法告诉同学,同时倾听其他同学的意见,通过讨论,在更深层次上认识所学知识,真正成为学习的主人。由于在教学中变革学习方式,学生能够用自己的眼睛去观察,用自己的头脑去辨别,用自己的语言去表达。

(4)方式多样,改进教学评价。因材施教,因材评价,要善用显微镜和望远镜,用显微镜看学生的闪光点,用望远镜看学生的潜力,用进展的眼光,多角度地看待后进生,启发、引导他们从适当的困难开头不断迈向成功。

总之,在"说学教育"中教师的"心中有书,眼里有人",要把学生视为自主的人,发展的人,有潜力的人,真正确保学生的主体地位,让学生做学习的主人。这为学生学会学习,促进学生的主动发展,为更好的培养出创新人才奠定基础。

2. 及时应对课堂生成的素养

著名教育学家布鲁姆说:"人们无法预料到教学所产生的成果的全部范围,如今的课堂正显现出刚性向弹性转变的趋势,更关注过程和体验,关注过程和体验中即时生成的东西,在动态生成的过程中出新思想、新创意。""说学数学"课堂中发现问题、突出问题、分析问题、解决问题的探究全过程凸显学生主体,依赖学生的随机生成。课堂上的这种生成信息有诸多特征，首先是它的复杂性、动态性、偶发性，教师引导学生处理得恰到好处，便成为课堂的智慧，如果处理不当，便适得其反，错失良机。

（1）教师在教学中善于分辨，把握时机，不但要适时地捕捉到生成，而且还要促进生成。

① 在学生的需求中生成。教师的教从根本上说是为学生的学服务的。课堂上要让学生的学习需求得到反应，必须鼓励学生在初步理解的基础上质疑问题，师生共同筛选出比较重要和感兴趣的问题，作为本节课的研读重点。

② 在尝试和探究的活动中生成。在课堂教学中，根据需要组织探究性学习，由于结论不现成，学生会有多种思路，多种方法，往往也会产生不同的结果。教师引导学生分析原因，改变思路，重新探索，最后走向成功。这种生成的效果远远胜于直接告诉学生一个正确的结论。

③ 在随机偶发中生成。课堂生成的动态资源具有随机性和偶发性。当课堂上出现动态教学资源信息时，教师第一反应是辨识价值，去伪存真，并做出教学决策，并将之融入教学过程。在整个过程中，既有资源的生成，又有过程的生成。

④ 在师与生，生与生的对话中生成。教师与学生，学生与学生之间关于学习的对话，应当是平等的，互动的过程。另外，教师要善于把握学生的认知起点，巧妙地制造认知冲突，只有学生产生了认知冲突，才可能唤醒他的潜意识，从而实现课堂生成。

例如，在二年级有余数的除法教学中，在第一次摆小棒的过程中，12根小棒摆三角形或正方形，因为都是刚好分完，学生无论是摆还是列算式都没有障碍，各个小组都能够顺利快速的完成。这里教师要观察学生的动手合作，语言表达等方面的能力。而在第二次操作中，小棒出现剩余，学生结合第一次操作摆正方形没有问题，可在列算式时会出现迷茫，也就是产生认知冲突，这时教师应适当的引导学生尝试解决剩余小棒的问题，最后得到科学的表示方法，使学生真正理解并内化到自己原有的知识结构中，从而很好的实现了知识的建构。

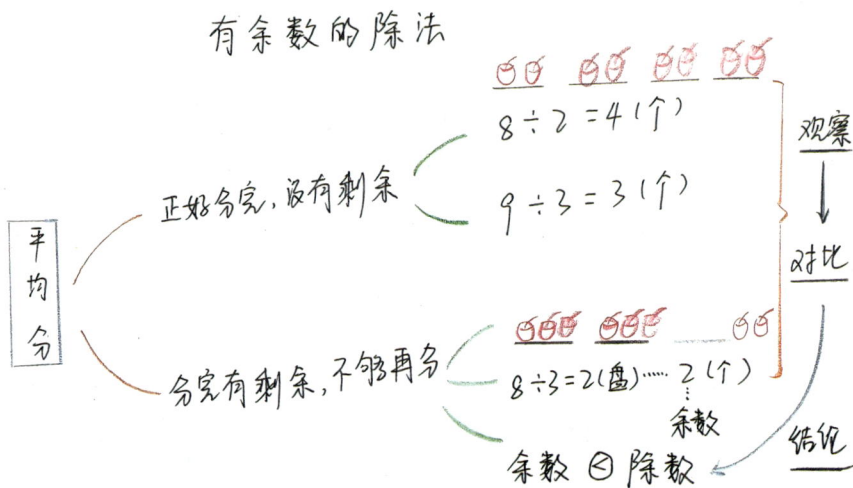

图 2-5　人教版数学二年级下册《有余数的除法》　（马玲玲）

（2）教师在教学中运用智慧，从容应对，不但拥有智慧应对挑战，而且还要生成新的教学机智。

① 养成捕捉信息、果断决策的机智。课堂生成信息经常是稍不留神就被忽视的，教师应该果断调整教学进程，采取弹性教学手段，根据自己对课堂各种各样信息的综合把握，及时做出判断，采取得当的措施，使得师生在互动中感悟，在感悟中生成，在生成中提炼，在提炼中升华。

② 养成因势利导、巧妙点拨的机智。教师应该在学生思想受阻困惑不解时点拨，使其通畅；在学生理解肤浅就事论事时点拨，使其深刻；在学生观点错误时点拨，使其正确；在学生思路偏离，南辕北辙时点拨，使其明晰；在学生思维定式难以拓展时点拨，使其开阔。这也就是我们常说的"该出手时就出手"，适度适时点拨。

③ 养成随机应变、化解矛盾的机智。"说学数学"学习的主体——

学生参与课堂多了，出现意想不到的问题的机会也随之增多。在这样的课堂上教师要随机应变，相机行事，对课堂上出现的种种矛盾加以分析，采取适当的措施将其化解，引起共鸣或疑问，老师应该倾听并适时解决他们的疑问。

3. 传递数学教学价值的能力

在教学中，老师不仅要向学生传递基本的数学知识，还要让学生掌握基本的运算和考试。更重要的是，通过对数学的学习，向学生传递一种思维和情怀，对学生的成长起到一种积极的和终身的影响。由于数学学科的严谨性，在长期的陶冶和锻炼中，能够培养孩子逻辑缜密，思维清晰，表达流畅的思维习惯，并且数学学科具有一定的难度和抽象性，通过学习能够促进小学生不断地动脑思考，培养学生的探究精神以及一种求解的耐心。此外，数学学科崇尚简约，在教学过程中教师要有意识的引导学生将复杂的问题简单化，启迪学生运用多种求解方法选取最优方法。

（1）提升学生对数学价值的认识。数学除了理性价值外，还具有丰厚的精神价值、美学价值和文化价值，探索进取、严谨求实、批判自主是数学教育永恒的精神，追求数学的曲直、平衡、和谐的过程渗透着美感。而数学的求真、求善、求美，会使人更高尚、更丰富，也更有力量。我们要在数学教学中让学生沉浸式体验。

（2）调动学生学习数学的内动力。学生数学知识结构的拓展，主要指的是不再局限于书本知识，而是强调学生通过书本知识精神世界得到成长。学生能力结构主要是指，研究数学的能力，实践活动的能力，首先是表现为学生对自己生活和周围现象所做出的数学反应能力，善于从中发现数学问题，对日常生活保持一份数字的敏感和数学思考的习惯，数学视野开放拓展，并依靠数学力量，自我力量，这是正确的思想，得出相应的结论，数学知识结构和能力结构进一步拓展，使学生在课堂上主动投入学习有了更坚实的基础。

（3）拓展学生数学知识结构和能力结构。学生数学学习能力主要是指研究数学能力和数学实践的能力。首先表现为学生对自己生活实践和周围的现象所做的数学反应能力，善于从中发现数学问题，对日常生活保持一份数学的敏感和数学思考的习惯，数学视野开放拓展，并依靠数学力量，自我力量展示正确的思想，得出相应的结论。知识结构和能力结构的进一步拓展，使学生在课堂上主动投入学习，有了更坚实的基础。

（4）形成学生数学思想与方法。在数学课堂中，我们要努力让学生在学习数学知识的同时，掌握一般的数学方法，如观察、归纳、推理、分析、综合，等等，还要注重开展数学合作学习，培养学生的团队精神与批判眼光，增强用数学服务于社会的意识。数学的思想方法是生存发展所需要的一种基础性的学习能力，也是学生学习能力可自我增长的重要基础。

叶澜教授曾指出："课堂应是向未知方向挺进的旅程，随时都有可能发现意外的通道和美丽的图景，而不是一切都必须遵循固定线路而没有激情的行程。"精心的预设不等于精彩的生成，预设只是生成所需的沃土，教师只有做精心的预设，并在课堂中给学生预留时间及空间上留有余地，给学生提供一个宽松民主的平台，自己的课堂才会有更多精彩的生成接踵而来。

总之，通过对数学的教学，向小学生传递知识的同时，培养学生一种严谨思维，对知识的求真以及培养一种不断探索的精神。作为教师要有一双慧眼，要有敏锐的洞察力，要有机智的反应，时刻关注并及时捕捉课堂上师生、生生互动中产生的有探究价值的新信息、新问题，把师生互动和探索引向纵深，使课堂产生新的思维碰撞和交锋，从而有所发现，有所拓展，有所创新，促进教学的不断生成和发展。

三、运用思维导图贯穿备课过程

实践和理论都能证明，思维导图对教师教学设计质量的提高是有一定效用的，但也要必须认识到，思维导图并不能保证教师做出最优的教学设计，作为一种工具它并不能取代教学设计本身。

（一）备课前的充分准备

1. 分析现状寻对策

现实中教师的备课现状并不乐观，教师备课中存在着"脑中无思考、手中无方法、心中无学生"的现象。我们越来越需要"为学而设"的备课，需要站在学生学习的角度去备课，需要思维含量的备课，需要"备以致用"的备课，由于小学数学是一门知识体系比较完整的学科，每个专题的知识点具有相对的独立性和系统性，所以利用思维导图进展备课能收到很好的教学效果。

2. 探本溯源明方向

新课标引领下的数学课堂教什么，怎么教？这是我们每位老师备课时心中要不断提醒自己的问题。新课标指引我们教学观念要天翻地覆的变化，现在是"核心素养"时代，再不是传统的"死教知识"的时代了。教学中务必通过高效的数学活动，逐步渗透和培育"三会"的数学核心素养。那么对我们关注、领悟、实践学科本质提出了更高的要求。数学的本质是什么？我们认为可以从以下几个方面思考：对基本数学概念的理解，对数学思想方法的把握，对数学美的鉴赏，对数学精神的追求等。将思维导图运用到小学数学备课中，让老师们通过思维导图也像那些出色的大师一样学会用思想备课，让每个教师的备课本成为思维的草稿本，我们认为，教师的备课本可以乱，但不可以没思想，唯有思想才能生成既有效又精彩的课堂。

3. 读懂课标成策略

一是读懂课标，课标是我们教学的纲领，设计教学是读懂了课标，才不会在教学中与其背道而驰，领会了课标内容，我们的设计才能更具有创新性、有效性和开放性。二是读懂教材，教材是教学的蓝本，只有读懂教材才能更好地把握教材的地位、目标、重点、难点才能创造性地使用教材，正确处理"教什么""怎么教"的问题。三是读懂习题，习题是编者精挑细选的，每一道习题的背后，都有着深刻的寓意，关键看老师能否读懂其意图，发挥其最大的作用。四是读懂教师，包括自己的教学心态，教学专业水平等诸多影响因素。反思自己的知识水平，要上好一节课，我们需要哪些知识的储备。五是读懂学生，学生是课堂教学的主体，我们教学的一切都是为了学生的成长，课程标准明确指出教学活动必须建立在学生的认知水平和已有的知识储备上。

有效的备课是教师教学思维的表达，而思维导图本身就是一种笔记，只是它既有想象、创造、记号、关联性连接和视觉能力等属于右脑所掌握的内容，又有语言、顺序、列表，线性分析、数据等左脑所掌握的内容。

（二）思维导图备课的策略指导

核心素养下的小学数学备课中，对知识本质的理解和应学情而教的"生本课堂"建构是课堂是否高效的前提。我们通常通过"个体+集体+个性"的形式，落实"周一备课制"。研究发现，创建思维导图并将思维导图运用到个体备课、集体备课中，能够集思广益，促进思考，便于记录，有助于教师抓住知识要点，思考教学难点，了解问题的关键。运用思维导图备课是实现有效备课的一条途径，有助于实现备课目标，提高教学质量。

那么，该如何运用思维导图进行小学数学备课呢？我们主要是利用"两论三思两抓"的策略去解决学生学什么，如何学，为什么学。

1. 把好两个视角整体规划

一从系统论出发，是研究系统的一般模式构造和规律的学问。思维导图与传统的线性备课相比，你会发现它可以帮助我们在备课时系统研读的全景图，而数学学科本身具备严密的逻辑性，特别凸显知识的生成性。因此，作为一种指导思想，系统论要求把事物当作一个整体或系统来考察，非常符合我们运用思维导图进行小学数学备课这一特征。二从方法论角度，就是人们认识世界，改造世界的根本方法，主要解决怎么办的问题。思维导图是思维转化为行动的具体表现，备课的每一幅思维导图，就如同课堂之旅的航海图，它能帮助我们准确锁定教学目标，联想与对接，关注问题本质，抓住核心和关键。有了它，教师会更清晰的选择适合自己的教学思路与方法。

2. 贵在"三思"逐步绘制

一思思维导图怎么画，采用哪种类型，要根据所选内容的多少和特点。二思运用思维导图备课之前应该怎么做，思维导图表现形式虽然是图，但本质还是思维。三思用思维导图备课的教案到底是什么样的。在表达的形式上，肯定不同于传统的线性表达方式。

3. 坚持"两手抓"备以致用

一手抓构造，利用思维导图使知识构造化，既要考虑课堂教学构造的整体与均衡性，又要规划好构造。要思考这节课预设了几个环节实施，每个环节的时间如何分配，环节之间的地位和层次怎样处理，等等。一手抓操作，通过思维导图教学提高课堂效率，能够把想的变成做的，通过我们的做，实现了构想。如果说构造讲究的是系统论，那么操作讲究的是方法论，定好整节课的构造，犹如我们建房子是建好水泥框架，接下来就是每层楼的框架，按需求砌砖就是了。

（三）从整体到局部做好各环节的备课

1. 用思维导图进行"全册备课"，有助于对教材内容纵向与横向充分了解，全面把握。

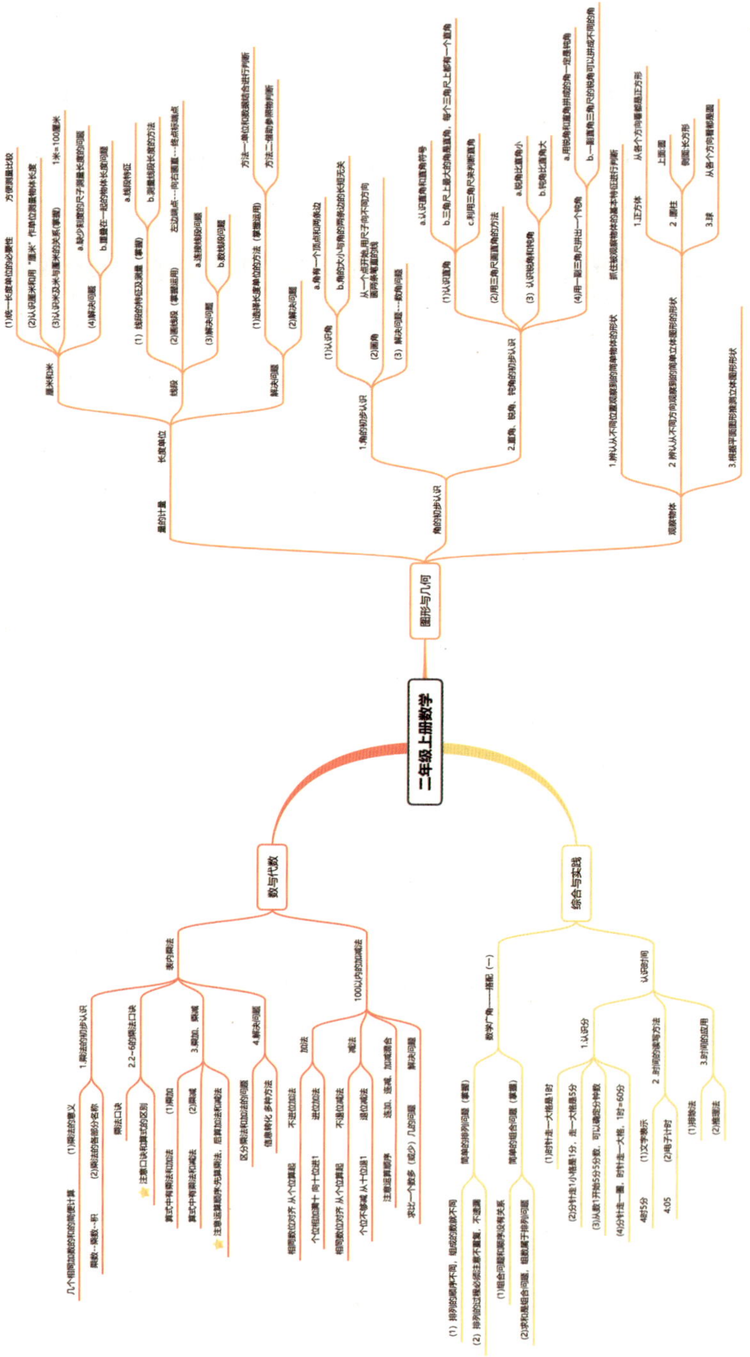

二年级上册数学

图形与几何
- 量的计算
  - 厘米和米
    - (1)统一长度单位的必要性　方便进行比较
    - (2)认识厘米和用"厘米"作单位测量物体长度
    - (3)认识米及用米量物体的长度　1米=100厘米
    - (4)解决问题
      - a.缺少整数的次数的问题（难）
      - b.测量线段及画线段的问题
  - 线段
    - (1)线段的特征及认识
      - a.线段的特征
      - b.测量线段及画线段的方法
    - (2)画线段　互相连接——向右画出一条线段连接的问题
    - (3)线段的问题
      - a.连接的问题
      - b.数线段问题
  - 解决问题
    - (1)连接长度单位的方法（要逻辑）
    - (2)解决问题
    - (3)解决问题——一般问题
- 角的初步认识
  - 1.角的初步认识
    - (1)认识角
      - a.角有一个顶点和两条边
      - b.角的大小与两条边叉开的大小有关
      - 从一个点引出两条射线组成的图形叫做角
    - (2)认识直角
      - a.认识直角的特征
      - b.用三角尺画直角的方法
    - (3)认识锐角和钝角
  - 2.直角、锐角、钝角的认识
- 观察物体
  - 1.观察物体
    - (1)从正面上方、左侧上观察到一个立体
      - a.认识图形上的特征，每个面上看到一个图形
      - b.认识三角尺上的直角
      - c.用三角尺画直角的方法
    - (2)用不同方向观察到的图形状
      - 用根据具体实物判断图形的一些特征
    - 1.辨认从不同位置观察到的简单物体的形状
    - 2.辨认从不同方向观察到立体图形的形状
    - 3.根据平面图形想象立方体图形的形状
    - (3)用不同方向观察到的图形状
      - a.观察比较小
      - b.特征比较大
      - a.用根据具体实物判断图形的一些特征
      - b.一直放置三角尺可以近似判断形状不同特征
    - (4)用一直尺可以出一个特征
      - 1.正方体　　从各个方向看都是方形
      - 2.圆柱　　上面图
      - 3.球　　前面、长方形

数与代数
- 表内乘法
  - (1)乘法的初步认识
    - 1.乘法的初步认识
      - a.乘法的意义
      - b.乘法各部分的名称
      - 乘法口诀
    - 2.2～6的乘法口诀
      - 注意口诀的理解过程的问题
    - 3.用乘法、除法解决问题
      - (2)解决
      - 其实中的乘法应用运算
      - 其实中有乘法的应用
      - 注意乘法算式中应用的问题
    - 4.解决问题
      - 区分乘法和加法的问题
      - 信息和列乘除问题
  - 100以内的加减法
    - 加法
      - 不进位加法
      - 进位加法
      - 相同数位对齐　从个位加起
      - 个位满十向十位进1
      - 相同数位对齐　从个位减起
    - 减法
      - 不退位减法
      - 退位减法
      - 个位不够减从十位退1
    - 混合运算
      - 加减、连加、连减、加减混合运算
      - 解决问题
      - 加、减（加）几问题
      - 求比一个多多少　几的问题

综合与实践
- 数学广角——搭配(一)
  - (1)排列的数量不同，组合的数量相同不同
  - (2)排列的数量相同，组合与排列的关系不同
  - (2)初步渗透排列组合思想，组织学数学思想方法
  - 1.认识时分
    - (1)时针走一大格是5分
    - (2)分针走1小格是1分，走一大格是5分
    - (3)认识时针分针各代表的意思，可以直接的分钟数
    - (4)分针走一大格，时针走一大格，1时=60分
    - 48分59
    - 405
  - 1.认识时间
    - (1)文字表示
    - (2)电子字时针
    - 2.时间的表达方法
    - 3.时间的应用
      - (1)例题讲解
      - (2)推理运用

图2-6　人教版数学二年级上册全册备课（沈艳玲）

思维导图设计说明

梳理内容：人教版数学四年级下册第三单元《运算律》。

梳理方式：思维导图

梳理依据：2022版新课标指导下，结合二年级数学全册知识，进行分类整理，全册内容分为三个领域：数与代数、图形与几何、综合与实践。

具体内容：

1. 数与代数

这部分内容有表内乘法和100以内加减法两个分支。结合2022版新课标，人教版二年级上册数与代数的领域内容要求：了解乘法的意义，探索加法和减法的算理和算法，在解决生活情境问题的过程中，体会数和运算的意义，形成初步的符号意识、数感、运算能力和推理意识。数的运算教学应让学生感知数的加减运算要在相同数位上进行，体会简单的推理过程。引导学生通过具体操作活动，利用对应的方法理解加法的意义，感悟减法是加法的逆运算；在具体情境中，启发学生理解乘法是加法的简便运算。在教学活动中，始终关注学生运算能力和推理意识的形成与发展。

2. 图形与几何

这部分内容有线段长度单位、角的初步认识、观察物体三个分支。内容要求：结合生活实际，体会建立统一度量单位的重要性，认识长度单位米、厘米。能估测一些物体的长度并进行测量。在图形认识与测量的过程中，形成初步的空间观念和量感。

图形的认识教学要选用学生身边熟悉的素材，鼓励学生动手操作，感知立体图形和平面图形的特点以及这两类图形的关联，引导学生经历图形的抽象过程，积累观察物体的经验，形成初步的空间观念。图形的测量教学要引导学生经历统一度量单位的过程，创设测量课桌长度等生活情境，借助拃的长度、铅笔的长度等不同的方式测量，经历测量的过程，比较测量的结果，感受统一长度单位的意义；引导学生经历用统一的长度单位（米、厘米）测量物体长度的过程，如重新测量课桌长度，加深对长度单位的理解。

3. 综合与实践

这部分内容有搭配（一）、认识时间两个分支。搭配（一），让学生在具体的情境中有序思考，有推理意识，形成推理能力。认识时间，在2022版新课标中归属于综合与实践的领域，以"时间在哪里"设计主题活动，引导学生述说日常生活中与时间有关的事情，认识时间以及时间单位之间的关系，感受时间是对过程的度量。根据生活经验，学生通过交流能够认识钟表所示的时间；在此基础上，教师引导学生参照时针、分针、秒针的运动关系，理解时间单位之间的关系。在"拨一拨、说一说、认一认、读一读"等活动中，加深对时间表达的理解。

这张思维导图以学生为出发点，围绕"算、看、背、动"四个字对教材的知识结构进行了重组，对知识的生长点进行了定位，整张导图如同一章教材导图，让教师在正常的教学中时刻做到心中有数。

2. 用思维导图进行"单元备课"，有助于教师整体了解教学内容，把握知识体系。构思整体思路，统筹安排教学内容进行系统技能训练，这样的教学设计便于把握全局。实际教学中很多老师只注重了知识点的教学，表现在具体的课时里教学。对于知识点之间的联系、一册教材中知识点的侧重、编排等都不是特别清楚，心中没有形成整册教学的网络架构，这样不利于整册教材教学的合理高效安排。

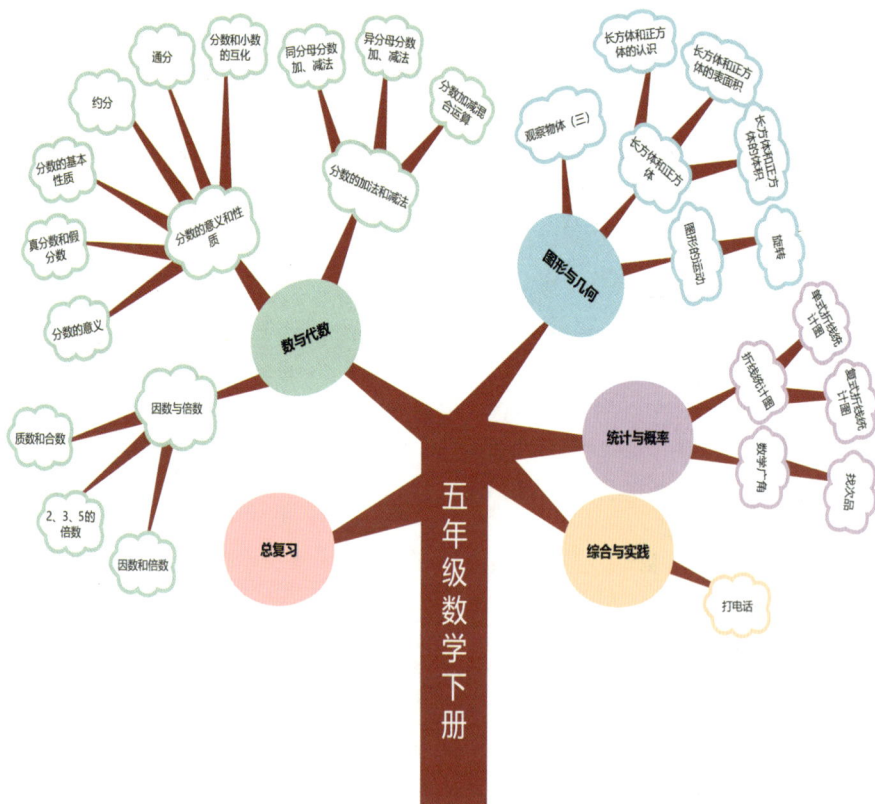

图 2-7　人教版数学五年级下册全册备课（季春燕）

人教版数学五年级下册全册思维导图设计意图

五年级下册教材包括下面一些内容：观察物体、因数与倍数、长方体和正方体、分数的意义和性质、图形的运动、分数的加法和减法、折线统计图、数学广角和数学综合与实践活动等。因此，根据数与代数，图形与几何，统计与概率，综合与实践和总复习，在设计这一册的思维导图时，我设计了五个分支。

在数与代数方面，用思维导图梳理了因数与倍数、分数的意义和性质、分数的加法和减法。因数与倍数，包括因数和倍数的意义，2、3和5的倍数的特征，质数和合数。在三年级上册分数的初步认识的基础上学习分数的意义和性质以及分数的加法、减法，结合约分教学最大公因数，结合通分教学最小公倍数。体现了知识的进阶性。

在图形与几何方面，用思维导图梳理了观察物体、长方体和正方体、图形的运动这三个单元。在已有知识和经验的基础上，通过丰富而现实的数学活动，用思维导图梳理了学生获得探究学习的经历，在前面学习辨认从不同方向看到的物体的形状图的基础上，让学生根据看到的形状图通过操作还原该物体，培养学生的推理能力和空间观念；梳理并体会长方体和正方体的特征、图形之间的关系及图形之间的转化，掌握长方体、正方体的体积，表面积公式及公式之间的关系，梳理某些实物体积的测量方法；认识图形的旋转变换；促进学生空间观念的进一步发展。

在统计与概率方面，用思维导图梳理了折线统计图的知识。折线统计图分为单式折线统计图和复式折线统计图。

综合与实践的内容是打电话。

本册内容根据学生所学的数学知识和已有的生活经验，用知识树进行梳理，使学生体会到探索的乐趣和数学的实际应用，感受用数学的愉悦，培养学生的数学意识和实践能力。

这张备课思维导图是教师通过思维导图发散性与创造性的特点，以人为立足点，围绕认识员，计算员，组合员三条主干进行了本单元知识的系统发散与对应，将圆的有关知识进行全面系统的归类，这样归类既系统又深入，为准确把握教材的重难点，提供了有力的依据。

3. 用思维导图进行"课时备课"，有助于老师创建高效课堂。老师在熟悉所讲授内容的基础上，利用思维导图，图文并茂，结构清晰的特点，将数学课时的知识点呈现出来，对于教学目标，教学内容一目了然。根据重难点采取合适的教学方式，这种利用思维导图进行发散思维，把零散的知识列在图样里，形成知识的全景图，提高了教学设计的质量。

课堂教学应该是教师用教材教，学生用教材学，而不是教教材。在现实教学中照本宣科备教案的教学现象不少，所以运用导图备课教师知道学什么、教什么、怎么教，避免备课的随意性，有利于教师用心去备课，在创建高效课堂备课中，应用思维导图能够让备课思路更清晰，达到事半功倍的效果。同时，这种思维导图的教案能更加方便的调用网上丰富的电子资源，有助于从整体上厘清自己的教学思路。

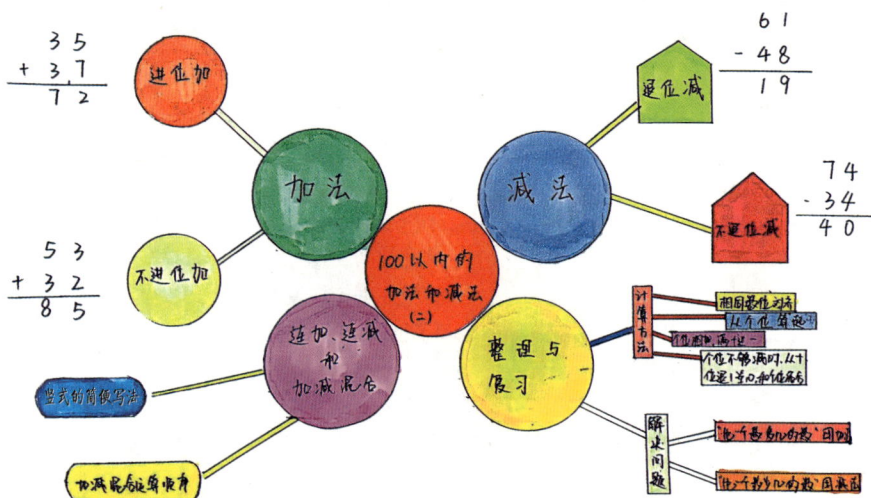

图 2-8 《100 以内的加法和减法》（二）（张圆）

《100 以内的加法和减法》知识点梳理

1. 梳理方式：气泡图

设计意图：思维可视化工具括号图可以很好的整理出整体与部分的关系，正好可以将本册所有知识点作为整体，所包含的几个领域的内容作为部分。

2. 分类标准：《义务教育数学课程标准（2022 年版）》课程内容

小学部分（1）数学与代数

3. 具体内容：

根据《义务教育数学课程标准（2022 年版）》，将义务教育阶段数学内容分成了四个领域进行学习。本次我将结合思维导图，把二年级上册以内加法和减法（二）的内容与课程标准中数学与代数领域相结合进行以下梳理。

【教学内容分析】

本单元的主要内容有两位数加两位数的不进位加法和进位加法，两位数减两位数的不退位减法和退位减法，两位数的连加、连减和加减混合运算，用画图的方法解决求比一个数多（少）几的数是多少的实际问题，通过贯通思考解决连续两问的实际问题。

本单元的内容是在学生掌握了 100 以内的两位数加、减一位数和整十数的基础上进行教学的两位数加、减两位数的笔算，既是对已学的两位数加、减一位数和整一位数的巩固和应用，又是以后学习多位数加、减法的基础，具有承上启下的作用。两位数加、减两位数是数与代数领域"数的运算"中的重要内容，也是本册教材的重点，是小学生需要掌握的基本技能之一。这部分内容学习得好坏将对以后学生计算的正确性和速度产生直接影响。

【教学目标分析】

1. 理解 100 以内的两位数加、减两位数的算理，掌握笔算方法，会用竖式进行计算。

2. 掌握连加、连减和加减混合竖式的简便写法，能正确、灵活地计算连加、连减和加减混合式题（包括含有小括号的）。

3. 能运用所学的 100 以内的加、减法知识解决一些简单的实际问题。

4. 经历探索两位数加、减法以及连加、连减、加减混合运算算法的过程，提高学生的计算能力。

【数学思想】

好的教学结构，要贴近学生，激活思维，促进发展。数学学习的根本价值在于不断地完善认知结构、丰富学习感受、发展思维能力。因此，教师要能够主动将单元离散的、断裂的、散点的知识点进行梳理，归纳和整合，让知识呈现整体结构和体系。落实教学结构化，离不开建构清晰完整的教学结构（或课堂结构）。在计算教学中我们一般按照"提出问题——探索算法——理解算理——归纳法则——内化算法"的过程。从起始内容的教学开始，不断地提炼、比较、呼应，引导学生主动迁移和应用这一过程结构，并在自主学习的过程中转化为有效的学习策略。

"以思维发展为核心""为思维素养而学"是数学教学的价值导向。让学生形成具有"自觉能动"特征的思维能力（我们称之为"思维素养"），是整体建构教学追求的理想状态。思维素养的培育，需要经过入心、生长，外化等持续性过程，在教学中我们可以依据单元知识之间的并联关系、递进关系进行条块融通使教学呈现出灵活和丰富的样式，打开学生思维的"百叶窗"使学生的思维呈现变得灵动和清晰。而知识的内蕴结构学习过程的结构迁移，就成为学生瞭望数学广阔天空的重要工具，一种类比探索的自觉和开放延伸的思维也将在过程中逐步养成。

例如，计算"9+4"，核心算法是"凑十法"，学会了"凑十"，就可以迁移运用到"8+4""7+4"等进位加法;二年级学习两位数加法，"58"跟哪个数相加最好呢?自然是"42"，因为58+42=100，核心算法是"凑百";再往后，还会碰到"凑千"（如723+277）、"凑一"（如0.75+0.25），等等。从算法的角度看，"凑十""凑百""凑千""凑一"都是不同的方法，但就其本质而言，都是"凑整"。显然，"凑整"是一种更加上位、更具统摄性、更有扩展性的数学思维，用"凑整"来统摄"凑十""凑百""凑千""凑一"等的学习，零散的知识就被"拎"起来了，课堂就具有了长程眼光和穿透力，一节课便上出了几年的跨度。

总之，教学过程既是数学知识从少到多，从简单到复杂，从单一到组合的横向拓展过程，又是数学思考从现象到本质，从分离到整合，从直觉感受到深刻领悟的纵向提升过程。合纵连横，课堂方能"向四面八方打开"。

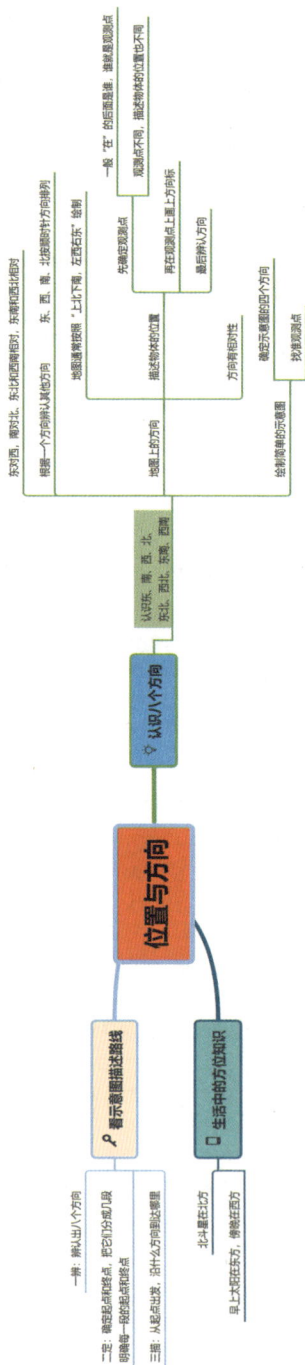

图2-9 人教版数学三年级下册《位置与方向》（李红）

《位置与方向》单元备课说明

本单元教学内容是"图形与几何"领域中有关"位置"的内容，从知识的前后联系可以看出，本单元的教学内容是一个关键期，为后续学习起着至关重要的作用。

本单元所在的内容包括三个部分：一是在具体情境中认识东、南、西、北、东北、西北、东南、西南八个方向，并能用这些词语描述物体所在位置；二是了解在平面图上如何表示方向，并能描述平面图上物体的相对位置，培养学生的空间观念；三是让学生利用所学习所学的方向知识解决生活中的实际问题。

通过对单元内容的整体分析，基于前测调查学生对于"方向"的认识基础上，我对与本单元的学习内容进行了整合，重构与补充，绝大部分学生已经知道8个方位，并能在平面图上正确填写，并能在平面图上正确认方向（如面向西面，你的左边是什么面，右边是什么面），部分学生无法准确辨认方向，所以，将例1和例3进行整合，以"方向知多少"开启本单元的学习。

这张思维导图备课是折扣，这节课的备课从图中可以看出本科的设计，从理解折扣的意义入手，沟通折扣与百分数之间的联系，然后用一道例题进行变式训练，这样的教学结构清晰，步步深入，这样的备课简约而不简单。

4. 用思维导图进行"整理复习"备课，有利于帮助整理学习过程。单元复习课不是对原有知识简单的回归与再现，而是有效的加工、提升与运用。因此，必须达到强化、内化和系统化的目的。作为单元复习既要以单元重点为中心，以典型题易错题做载体，还要让学生在练习中回归单元的知识点、公式推导过程、运用解决问题等。在复习中再次感悟和获得重要的数感，提高数学知识的综合运用能力。以往的教学表明，思维导图具有表达更明显、清晰、直观的效果，单元复习中使用优势更为明显。运用思维导图能够有效提升教师的复习教学能力，在备课时将所要复习的知识通过设计和绘制思维导图，全面地、有条理地、层层深入的概括知识，使之形成知识网络，上课时教师运用思维导图，原本枯燥无味的、零散的知识整合成有层次、有关联、有逻辑的知识系统图，可以轻松把握全盘内容。学生学习的过程是知识积累、知识建构的过程，运用思维导图备课，可以整体回顾单元的知识，区分知识板块，梳理知识要点，形成系统，方便复习指导。

这张思维导图是学生系统学习了乘法性质之后的一节复习课的备课，鼓励孩子们能够把某一个乘法算式通过"一读二画三编四改"进行有序的发散思考，将所学知识点连接在一起，构建系统的知识体系。

除了教师个人备课外，还可以运用思维导图进行集体备课，传统的备课方式对教师的教学有失灵活性，在集体备课时，使用思维导图不仅能够体现出各个老师的教学个性，还可以整合各个教师的优点，汇集成教研小组的共同教学资源。

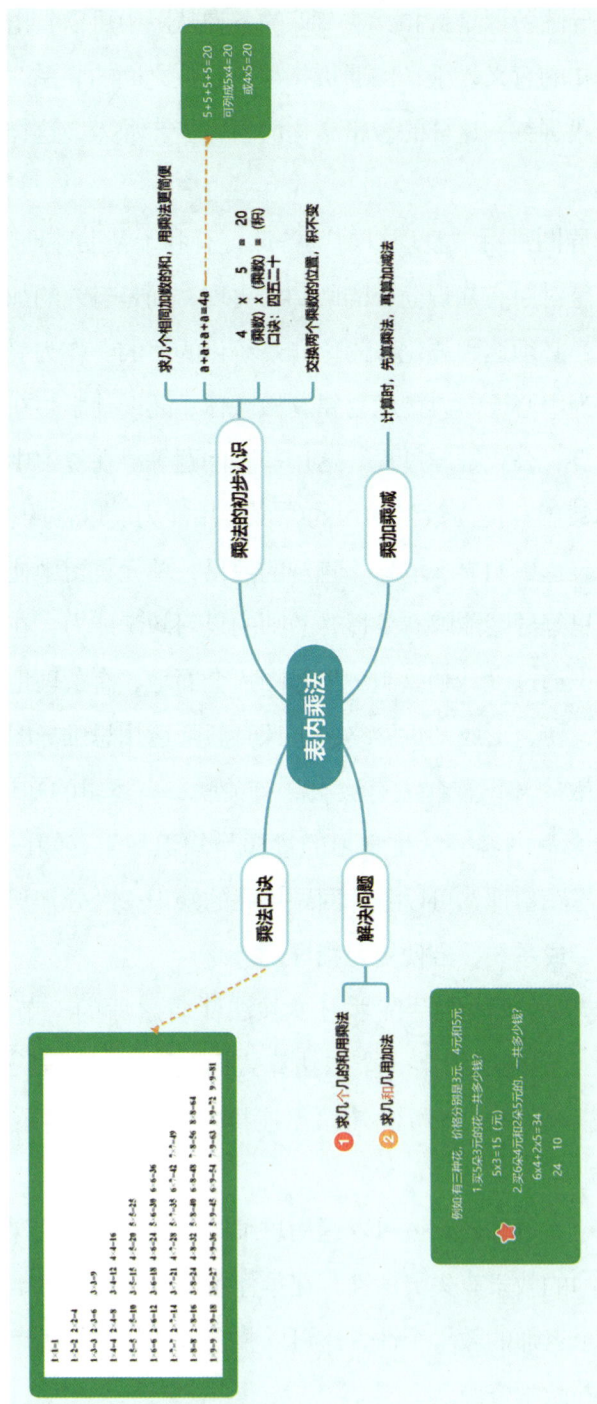

图2-10 人教版数学二年级上册《表内乘法》(张圆)

《表内乘法》知识点梳理

思维导图，英文 The Mind Map，是表达发散性思维的有效图形思维工具。其图文并重的方式，能帮助学生把具有隶属关系的各种概念通过图像、颜色等建立记忆链接，将零散的知识系统化、点状的知识板块化。它对训练孩子发散性思维具有莫大的益处。

我将表内乘法一和表内乘法二两个大单元整合到一起进行复习。将两个单元分为四个大块进行整理。

1. 乘法的初步认识

由学生先自己思考，乘法中认识了哪些，然后再和"小对子"交流补充，完善整个乘法的初步认识。

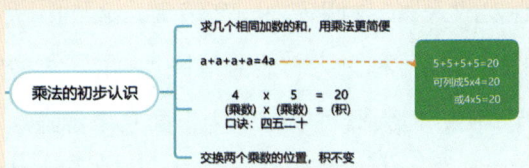

2. 回忆九九乘法表

3. 乘加乘减

在遇到乘加乘减的问题的时候，明确运算顺序，先乘除后加减。所以在遇到图形或者文字类的题目时，牢记运算顺序。

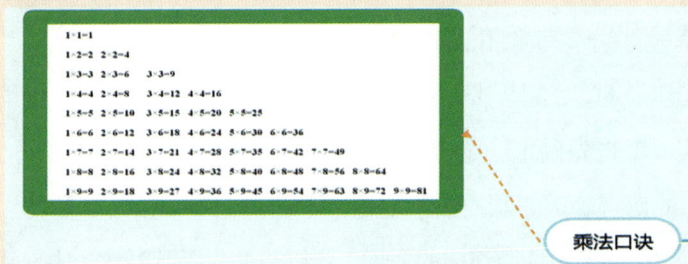

4. 解决问题

类似的两种问题，但是解决方法完全不同，出现此类解决问题，一定要找准关键字，再计算。

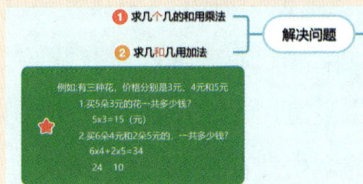

四、思维导图备课的方法

首先应当明确用思维导图备课的要素有哪些。运用思维导图备课，必须抓住高效课堂必备课的四个基本要点，一是备教材，二是备学生，三是备流程，四是备时间。高效课堂要点一是目标，知识和思维共扎根，培养自主学习型人才。高效课堂要点二是方法，根据记忆规律，课堂安排遵循条理化、多关联化、多感官化、奇特化等原则，充分调动学生的学习积极性，以引导、点拨为主，着力培养学生的自学能力。高效课堂要点三是关注，随时关注学生的身心发展，保持学生的身心健康。

其次要厘清思维导图的绘制步骤：广义的思维导图不仅仅局限于东尼伯赞的"中心发散式"，我们认为图文结合，文理清晰，能够呈现思维过程与结果的图示都可称之为"思维导图"。不同类型的图示绘制的起点和方式略有不同，但大概可以归纳为下面几个步骤。

第一步：阅读教材文本，研究透彻课程标准及参考教师用书。教材是联系编者、教师、学生的一个蓝本，是实现教学目标的载体，是有效备课的重要资源，备课时必须反复阅读教材，弄清每章每节的知识脉络，领悟教材的编写意图。

第二步：创建知识导图，厘清知识脉络，确定训练重点。思维导图的构建模式，都是先确定一个中心主题，引出子主题，对子主题再分层次。用最简洁的语言确定要画的数学主题。下面我们以"角的度量"为例。角是从一点引出两条射线所组成的图形。所以我们先了解射线。由射线引出线段和直线，比较三者之间的异同。下面把关于角的重要知识点，在思维导图上把关键词标注出来。这个思维导图里，我们知道由角引出了射线的定义，我们可以在角和射线之间，画一条关系线，方便我们把知识点串联起来。

第三步：研究学生学情，设计教学流程，绘制备课导图寻求学生最近发展区，不同年龄的学生具有不同的思维能力和认知规律，不同年级的学生具备不同的基础知识和经验，不同班级的学生具体的学习风格也不尽相同，学生是学习的主体，是课堂的主人，不研究学生的学情的教学，只能是空中楼阁。

思维导图备课的案例见图2-11。

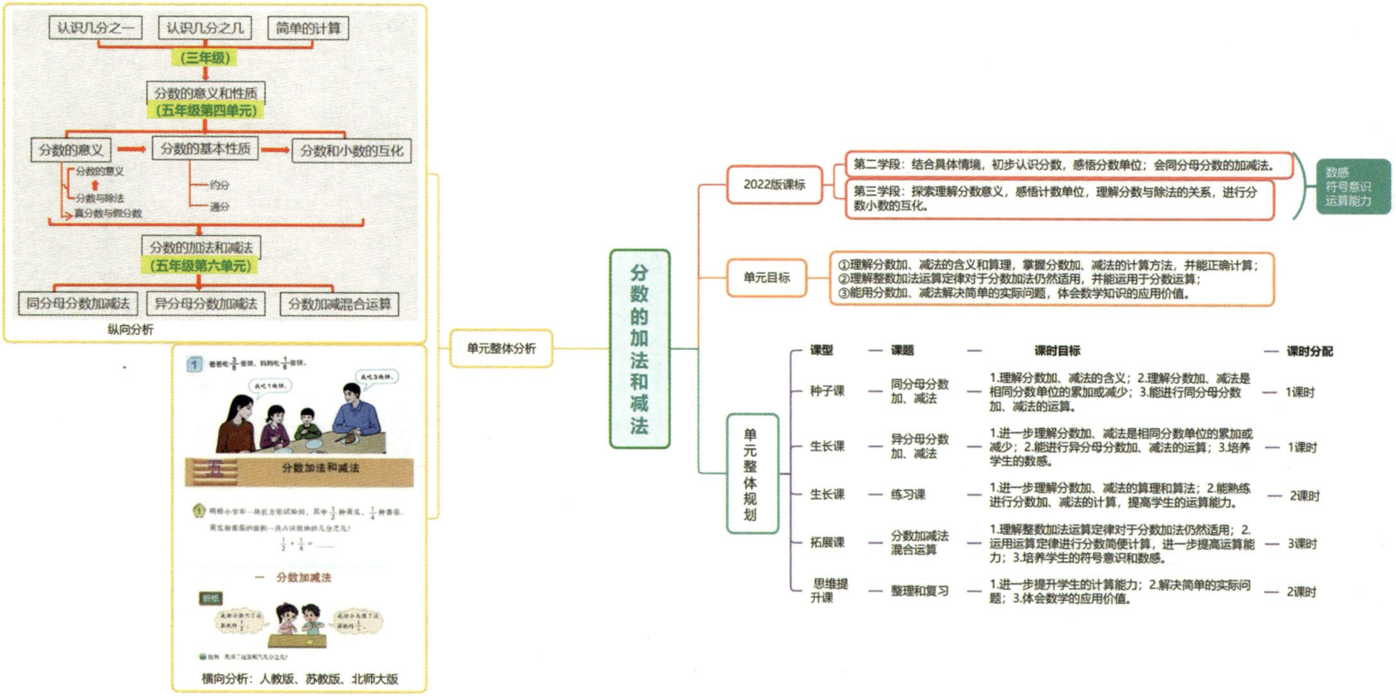

分数的加法和减法
2022版课标
第二学段：结合具体情境，初步认识分数，感悟分数单位；会同分母分数的加减法。
第三学段：探索理解分数意义，感悟计数单位，理解分数与除法的关系，进行分数小数的互化。
数感
符号意识
运算能力
单元目标
①理解分数加、减法的含义和算理，掌握分数加、减法的计算方法，并能正确计算；
②理解整数加法运算定律对于分数加法仍然适用，并能运用于分数运算；
③能用分数加、减法解决简单的实际问题，体会数学知识的应用价值。
单元整体规划
课型 — 课题 — 课时目标 — 课时分配
种子课 — 同分母分数加、减法 — 1.理解分数加、减法的含义；2.理解分数加、减法是相同分数单位的累加或减少；3.能进行同分母分数加、减法的运算。 — 1课时
生长课 — 异分母分数加、减法 — 1.进一步理解分数加、减法是相同分数单位的累加或减少；2.能进行异分母分数加、减法的运算；3.培养学生的数感。 — 1课时
生长课 — 练习课 — 1.进一步理解分数加、减法的算理和算法；2.能熟练进行分数加、减法的计算，提高学生的运算能力。 — 2课时
拓展课 — 分数加减法混合运算 — 1.理解整数加法运算定律对于分数加法仍然适用；2.运用运算定律进行分数简便计算，进一步提高运算能力；3.培养学生的符号意识和数感。 — 3课时
思维提升课 — 整理和复习 — 1.进一步提升学生的计算能力；2.解决简单的实际问题；3.体会数学的应用价值。 — 2课时
单元整体分析
认识几分之一
认识几分之几
简单的计算
（三年级）
分数的意义和性质
（五年级第四单元）
分数的意义
分数的基本性质
分数和小数的互化
分数的意义
分数与除法
真分数与假分数
约分
通分
分数的加法和减法
（五年级第六单元）
同分母分数加减法
异分母分数加减法
分数加减混合运算
纵向分析
五
分数加法和减法
一　分数加减法
横向分析：人教版、苏教版、北师大版

图 2-11　人教版数学五年级下册《分数的加法和减法》单元整体备课（沈艳玲）

思维导图说明

　　本图以人教版数学五年级下册第六单元《分数加减法》为素材，基于新课标理念，从单元整体备课的角度，借助思维导图对本单元知识进行梳理和整合。在本单元分数的加减法中，要用到我们之前所学过的内容比如三年级上册的分数的初步认识、三年级下册的小数的初步认识、四年级的小数的意义、五年级上册的因数与倍数、五年级下册的分数的意义和基本性质，同时也为后面的学习做了铺垫，比如：本册的分数的加减法（二）、六年级上册的分数乘除法、分数四则混合运算、比、百分数（一），还有六年级下册的百分数（二），还有比例和比例尺。单元分析从纵向分析和横向分析两个维度进行。纵向分析，对比了学生前面学过的知识，了解学生的已有知识经验。横向分析，对比人教版和苏教版、北师大版教材的编排特点，以及本单元课时内容的联系与区别。基于此，对本单元知识进行整合，设计了一节种子课，用"分数尺"让学生体会同分母分数加减法就是相同分数单位的累加或减少，将"分数尺"的应用延续到异分母分数加减法，让学生体会当分母不同时，需要寻找一个公用的"分数尺"也就是相同的分数单位，理解通分的必要性，从而形成分数运算的本质是相同的分数单位的运算，让学生感受数的运算的一致性。

第二节　运用思维导图进行授课

　　运用思维导图进行课堂授课，提高课堂效率。课堂授课考验的不仅仅是教师的知识储备，它对教师知识应用、语言组织、课堂组织管理等多个方面的能力都是一种考验。使用思维导图，教师可以更加轻松的面对一系列问题；使用思维导图，每个同学根据自己的爱好，选择不同的绘图、不同的色彩，课堂气氛也就活跃起来，学生的兴趣也提高了，一堂课自然就生动形象，学生也就学有所获，老师也会轻松愉悦。

一、运用思维导图促进课堂管理

　　在教学中使用思维导图进行课堂管理是实效性很强的一种方式。首先要求对学生要充分认识，对他们的学习能力有一个很好的了解，对课堂教学小组教学模式掌握，在小组中实现思维模式管理方式。"说学数学"通常使用"组长管理制"和"知识分层制"。

　　"组长管理制"指老师在小组中选最有影响力的学生担任小组长负责，小组长选择两位学生做助手，分配不同的任务，每个助手也可以自配一个或两个小助手。这样安排下来，整组学生都有了自己不同的责任，形成"课堂管理网"，在上课的过程他们会为了做好自己的任务而努力，那么整个课堂就井然有序。

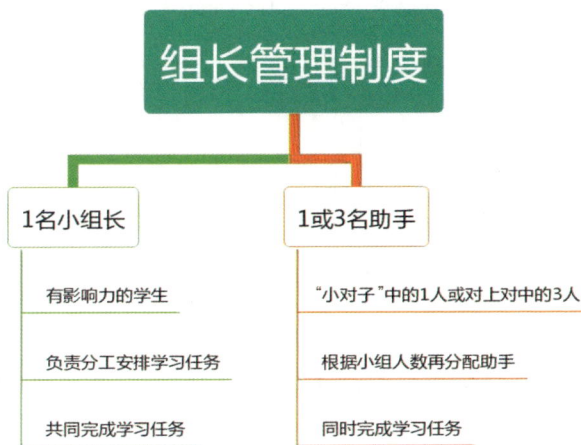

図 2-12　组长管理制度思维导图（汪秀青）

组长管理制度思维导图设计说明

　　"说学教育"的特点就是让学会既会独立学习，也有思辨能力，那么有效的小组合作、探究、补充、完善就非常重要，可利用思维导图对学生的小组管理制度进行清晰地安排。

　　"知识分层制"由于学生的层次不一样，对知识的掌握能力不一样，所以设计了知识的分层制。对理解力较强的学生要求往往要高些，要求他们不仅仅只是理解知识的大标题，对于各个知识都有深入了解，对中间层次，学生则要求二级目标，对于学习确实困难的学生，则只要求知道一级目标即可，这样分层管理，让学生在学习中找到自信，并且体会了学习的快乐，对学习越来越有信心。

二、运用思维导图实现角色转换

思维导图不但对学生学习产生巨大的影响，而且对新课程下的教师也产生巨大的影响。教学工作中可以采用思维导图的方式教学。对教师来说最重要的是如何把握课程的进度，搞清教学重点和难点，提高课堂效率，加强学生的学习效果等。以上这些都是教学工作中要考虑通过思维导图的绘制，总体上把握课程的进度以及每节课的重点和难点，再通过思维导图的方式来展示教学内容，分析复杂知识的结构，就课堂学习的效果来讲思维导图的引导作用突出。

三、运用思维导图创设新型教学模式

运用思维导图进行教学，可以创设新的教学模式。

1. 思维导图尝试创设情境

一般来说"情境"多采用生活片段、趣味故事等，都是很具体的氛围。思维导图通常被称之为逻辑性很强很抽象的东西。我们在教学中尝试把两种东西结合起来，也取得了意想不到的成果。良好的教学情境不仅能有效提高学生学习兴趣，充分发挥学生的学习主动性，还可以营造轻松的教学氛围，促使学生创新能力的形成和发散思维能力的提高。在小学数学教学过程中，合理的教学情景能帮助教师更好的开展教学活动，实现教学质量的提高。趣味故事、生活实际对于数学情境的创设非常有帮助。

（1）利用思维导图设计"问题"情境。小学生刚开始学习数学，对他们来说，年龄小、记忆力好、但深度记忆不牢固，也就是记得快，忘得也快，就是抓住这一点，在课堂上有意识的帮学生罗列简单的思维导图，通过图片、卡片、关键词，学生依据这样简单的图，围绕核心问题，可以质疑、生成若干个新问题，让学生在愉快的氛围中牢记数学概念。

（2）利用思维导图设计绘图情景。我们引导学生根据课题，自己找出关键词、公式、图片，带着中心词对话，感知、思考、领悟，绘画出自己的思维导图，帮助学生在理解记忆的基础上，遇到难点，教会学生通过查找资料寻求答案，最后由学生自己提出学习过程中发现的拓展知识，这样就利用简单的思维导图让学生经历了"深度学习"的过程。

2. 思维导图注重师生互动

在小学数学教学中，利用思维导图有利于处理好思维接受能力和图形接受能力的关系，有利于教师分析教学重难点，有利于学生了解知识之间的区别和联系，架起教师与学生之间的桥梁。

思维导图既可以帮助教师熟悉课程系统，整合各项教学资源，又可以促进学生形成知识整体的观念，达到对所学知识较高层次的把握。可以使教师在课堂上快速的把握学生所学知识的程度，从而目的明确地引导学生发挥主动性，提高学生课堂效率。对于教师而言，思维导图可以帮助教师科学研究，用来把握学科前沿发展脉搏。对学生来说，思维导图可以帮助学生建立自己所理解的知识框架体系，缩短记录课堂笔记的时间，增强利用效果。同时老师也能从思维导图中发现学生的思维能力结构，发现他们对所学课程的理解和认识程度，据此对学生所存在的具有共性的问题做出具体的指导，做出相应的教学方案。思维导图可以辅助学生在自学过程中厘清思路，弄清概念，提高学习效率。所以思维导图，是沟通教师教和学生的学的一座有效的桥梁，对形成师生之间的信息对等，产生师生之间思维碰撞有很重要的作用。

3. 思维导图注重过程展现

通过捕捉和表达思维过程，思维导图可以将大脑内部的过程进行外部的线性呈现，让学生的思维变得显性化。本质上来说，它能够重复和模仿学生思维过程。反之，通过呈现的过程，提升了学生对自身思维过程的知觉度，反作用于大脑后，让大脑更加强大有力。通过思维导图的设计，与在课堂中的运用，学生的逻辑思维能力提高了，学生不再需要凭空想象教师的提问方式，可以通过思维导图的帮助进行主动思考，让学生在具体运算阶段向形式运算阶段不断发展。同时，教师也通过思维导图捕捉学生的思维，改善自身的教学方式，为学生的数学思维提供更好的平台。

四、思维导图在各种课型中的应用

（一）在新授课中的应用

伴随着学习过程，往往出现两种不同形式的运用思维导图的方式，一种是原有"添补式"，另一种是当堂"生成式"。不管哪种方式，注重了思维导图的生成过程，也就是注重了学生思维发展。

1. "添补式"形成思维导图

在学习新知识过程中的应用，可以让学生先将原有的认知和自己猜想通过思维导图绘制出来，然后通过学习对自己原有的认知及猜想进行修正和补充，这样思维导图就能将制作者的学习过程，知识及方法积累过程很真实地呈现出来，也能让学习者从中看到自身的知识增长和学习能力的发展、体验、收获和成功，从而提高学习的兴趣，有效抑制厌学情绪的产生。这种方法适用于刚接触思维导图或者面对比较复杂的概念结构，可以借助思维导图促使学生积极动手和动脑思考，使他们能够从整体上掌握基本知识结构和各个知识间的关系。"添补式"应用的建议，第一是原有的认知和修正部分以及课后学的内容要以不同的颜色呈现。第二要求学生不要碍于面子或为美观考虑，在修正部分制作假象，因为修正部分恰恰是自身最值得注意和避免犯错的地方。第三，重点内容给自己的提醒事项要有明显的记号，标记的是导图可以不是在一节课中全部完成，而是好几节课的内容制作。第四在同一图中，一节课也可以不是一个导图，也可以分知识点和方法或者其他专题的几张图。第五，导图如果在课堂上没办法完成，应在最近的时间内完成主体部分，因为时间越近，对课堂学习过程的记忆越清晰，个性制作等可以放在周末的空余时间完成，完成时也可以作为一次回顾复习。

2. "生成式"形成思维导图

这种方式是相对于"添补式"而言的，凸显了思维的出发点到最后的生成结果的整个过程。课堂上学生或老师，或独立或合作，从一个核心问题或者数学主题出发，顺着学生有价值的思维创新，教师适度点拨，生成一级一级的思维结果，同时用符号、公式、图形、线条等链接起来，就生成了一幅完整的思维导图。其实有很多时候，随着数学知识的学习，这样的图形生成的方向有"互逆"的两个出发点。一种是由四周向中心聚拢的"归纳型"，一种是从中心向四周的"发散型"。例如在专题分析整理中应用。往往教师感叹学生只顾着做题，不会对问题进行归纳整理，不能做到方法的举一反三，因此总是花很多时间来做练习，学得很辛苦，效率很差。学会了总结就学会了学习，其实学生也知道这个道理，但是为什么没有用起来，没有足够的重视是一个因素，更重要的是没有很好的整理方法。传统的整理模式不外乎罗列，机械地处理容易让学生觉得枯燥，而利用思维导图工具进行整理就可以很好的解决这个问题。比如说小学打电话的思维导图，关于我打多少次电话进行整理，课堂上学生大概在十几分钟完成。思维导图能够促进学生的高阶思维，因为学生在制作的过程中要经历整理资料、整合知识、形成某主题已有的知识图，在已有的知识结构中嵌入新概念，在长期记忆系统中固定学习、内容修正与完善等过程，让学生主动地提高注意力，参与到学习过程中，大大提高了学生的学习效率。对此，应用时要注意以下几点：必须给学生充分的时间完成整理；可以采用小组合作的方法，不一定必须独立完成；不必只拘泥于复习时应用，可以贯穿全过程。

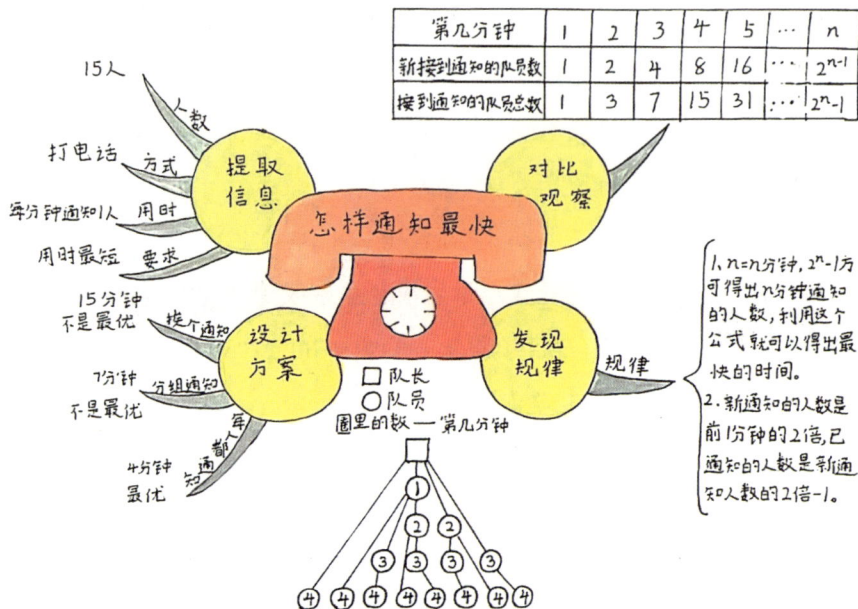

图 2-13　人教版数学五年级下册打电话（季春燕）

《怎样通知最快》思维导图设计意图

《怎样通知最快》以情境贯穿整节课的始终，让学生经历一个发现问题，研究问题，解决问题的过程。针对"该如何设计最快的通知方案"这个问题时，学生出现的方案各不相同，有一个一个地通知，有分组通知方案，所用的时间都不一样。教师适时引发学生思考："是不是分的组越多，用的时间越少"激发学生认知冲突，学生利用思维导图进行记录。进而对比优化，找出最优方案，通过梳理小结明白打电话的规律，从而渗透了优化思想。

（二）在"练习课"中的应用

1. 练习是学生掌握知识形成、能力发展的重要环节

在新课标下练习课是以练为主，适当指导做到"导练评"相结合，这样有利于发挥教师的主导作用和学生的主体作用，有利于学生掌握学习方法。德国心理学家艾宾浩斯通过长期的实验发现，知识掌握的牢固程度与智能发展关系密切。只有牢固掌握知识，才能转化为学习者的技能技巧与能力练习的直接目的，就在于促使学生及时消化巩固所学的知

识，知识转化为学生的技能、技巧与智力。

2. 做好思路梳理、知识载入

练习课中利用思维导图进行相关知识思路梳理，这一环节中能使学生对刚学的新知识加深印象，特别是对学生进一步弄清解题方法及计算方法大有好处，同时也是学生明确了练习所围绕的知识点。因此，在进行练习前应让学生通过思维导图对新学的知识进行再认识。同时，注重练习设计的精而活，练习的关键在于不重数量而讲究质量，改变形式，组织有效的练习，进行合理的评价。练习的有效不在于老师出了多少道题给学生，而是在于这几道题是否充分的发挥了其习题的功能，练习设计应用教材习题为主，根据教学内容、教学目标，学生实际可将教材习题进行适当的组合和练习。

3. 练习设计注意形式新颖、讲求实效

灵活新颖的习题设计，有利于提高学生的学习兴趣，保持旺盛的学习精力，有利于教学任务的顺利完成，基本练习要多，延伸练习要精，基本练习是学生学会算法，懂得巩固新知识的重要目的，这种练习要让学生多做练习达到全面过关的目的，引申练习是在学生理解了所有知识的内涵和外延之后，教师把新知识做恰当扩展，便是加大应用题的深度和广度，培养学生解题的灵活性。

4. 不能忽视学习评价

学生是学习的主人，是评价的主人。我们应当安排课堂评价方面的内容，训练学生的评价能力练习。练习课毕竟不同于新授课，它以巩固和理解前一阶段所学知识作为基本的教学目标，要以学生的练习为主，但这并不等于说练习就是单纯的让学生做题而已，学生在练习的过程中有些什么体验、经验，有什么疑难和困惑需要用引导学生及时进行反思，通过反思帮助学生提取经验，明确所面临的问题。在此基础上进一步组织学生进交流讨论，老师也应指引学生及时反思。

圆柱的表面积的应用

表面积组成

- 两个底面
  - 圆形
    - 平行
      - 周长 πd
      - 面积 2πr
    - 大小相等 2πr²
- 一个侧面
  - 长方形
    - 底面周长相当于长方形的长 a=πd
    - 圆柱的高相当于长方形的宽 a=2πr
  - 正方形
    - 底面周长=高 b=h
    - C=h

解决问题

- 侧面积
  - 关键字 如：通风管道、包装侧面问题、压路机
  - 计算方法
    - 找到直径或半径、圆柱的高 C=πd或C=2πr
    - 计算底面周长 πdh或2πrh
    - 计算侧面积
- 一个底面+侧面积
  - 关键字 如：无盖水桶、笔筒等
  - 计算方法
    - 先求出圆柱的侧面积 S=2πr²+πdh
    - 再计算出一个底面积 πr²
    - 总表面积=一个底面积 S=πr²
      - 方法一 πr²+πdh
      - 方法二 S=πr²+πdh
- 两个底面+侧面积
  - 关键字 如：油桶、奶粉桶等
  - 计算方法 S=2πr²+πdh
- 组合图形表面积

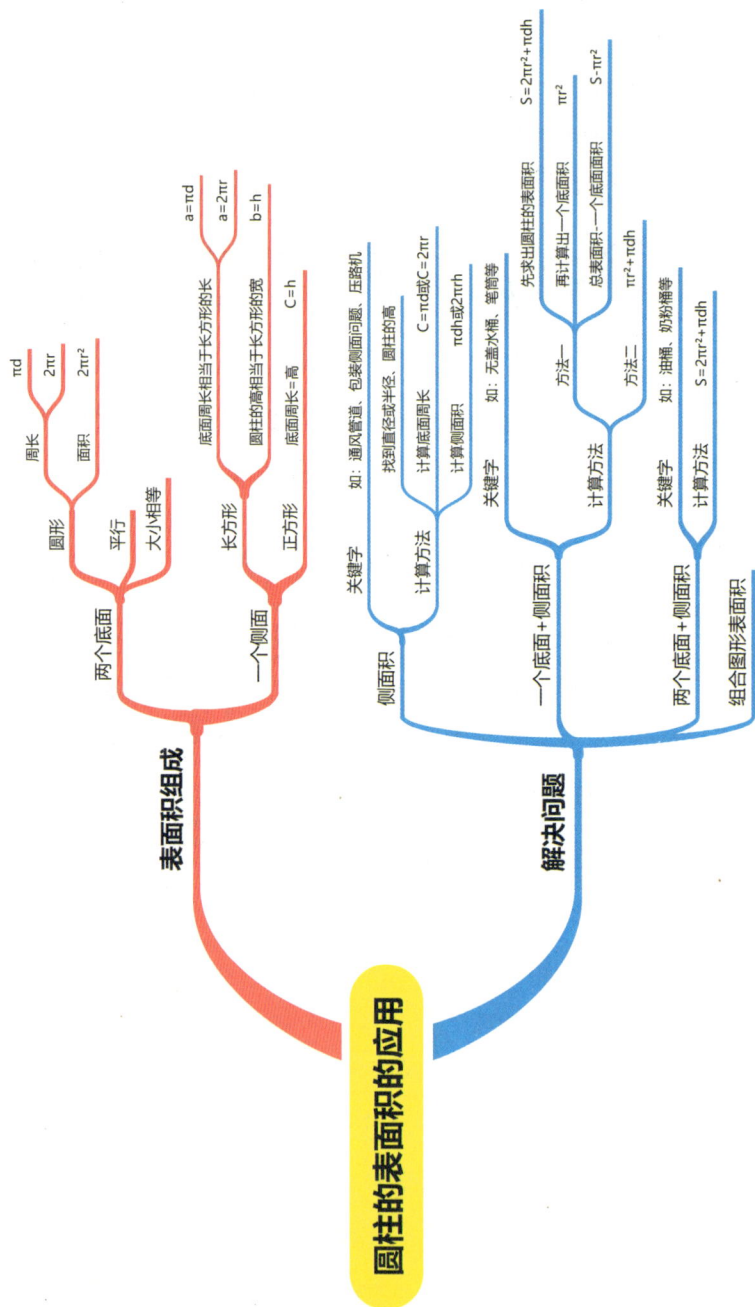

图 2-14 人教版数学六年级下册《圆柱的表面积的应用》练习课（李娜）

总之，正确处理练习中各种矛盾关系，做到"精选、多变、巧练"，通过点线面的层次练习，实质形成网络，用相应的思维导图进行总结，充分发挥习题的功能，不仅要使学生扎实有效的理解和掌握数学中最基础的知识，形成数学的技能，而且培养学生的数学运用意识和培养学生的创新能力，充分提高练习的效能。

(三) 在复习课中应用

复习课不单纯是把学过的知识点和习题"再过一遍"，而是一个通过教师对所教内容的再设计、再创造，使学生通过再学习，达到对知识的再记忆，再理解，再整合，再迁移，并且重新构建知识框架的过程。在这种情况下，如果用思维导图来帮助学生复习，那么可以大大提高学生的复习效率。

1. 复习课中运用思维导图的几点优势

在复习课的教学过程中，采用思维导图进行教学改革，探讨新的学习方法技巧，可以帮助我们在以下方面取得突破性收获。

(1) 帮助师生掌握正确有效的学习策略。更快更有效的进行课本知识的复习，促进复习课教学的效果和质量的提高，在制作思维导图的过程中，会涉及如何快速的阅读和信息整理，通过整理和绘制思维导图的过程，关键词和核心内容的查找，可以更好的帮助老师和学生加强对所学知识的理解。

(2) 建立系统完整的知识框架体系，对学生的课程进行有效的资源整合，使整个教学过程和流程设计更加系统科学，有效利用思维导图进行课程的教学设计，会促成师生形成整体的观念和在头脑中创造全景图，进一步加强对数学和所教内容的整体把握，而且可以根据教学过程和需要的实际情况做出具体的合理的调整。

(3) 教学过程采取互动式，促进师生间的交流与沟通，打破了传统的一言堂，在应用思维导图教学的过程中，学生为主导，教师做引导，可以充分发挥学生学习主观能动性，在进行思维导图教学的过程中，做积极正面的引导，并指导和回答学生在完成学习任务的过程中所遇到的问题，师生间可以比较自由的交流和沟通，所以可以让学生有很大的发挥自我空间，让学生根据自己的情况制定各自的学习计划，做合理的安排。

（4）在复习教学的过程中，可以做到关注整体，关注个体，从而实现真正意义上的因材施教发展并挖掘个体的独特性，从而最大限度的做到因材施教，通过学生的思维导图作品能够发现每个学生掌握的知识，发现其所教课程的认识程度，对学生所存在的具体问题做出具体的指导和相应的教学方法，从而做到关注整体教学质量提高的同时，也能够关注个体，关注各个层次的学生成长。

2. 复习课中运用思维导图的几个方法

复习课中，仍以学生为主体，指导学生利用思维导图进行复习。

（1）让学生用思维导图制定复习计划。之前很多同学做过复习计划，但一般都是流水账的形式，没有清楚的流程。如果我们用思维导图做计划，他可以帮助学生将所有的知识点画出来，得到清晰的知识网络图，通过这图就能围绕主题思考，不会迷失方向，如果在研究性学习前制作研究计划，可以使计划一目了然，便于实行互相交流，也利于教师的监督和指导，为教师和学生之间的互动提供了良好的载体。

（2）让学生用思维导图整理复习提纲。我们在进行复习课的教学时，先教会学生画思维导图的基本框架，让学生自己用思维导图进行复习，整理复习提纲，提出自己认为重要的问题，再在课上进行交流，目的是让学生成为学习的主体，在老师的引导下，对所要学习内容进行复习、整理、归纳、并提出问题，再在课上相互进行交流和质疑。

（3）让学生用思维导图整理知识网络。实际上大大小小的复习几乎贯穿始终，从单元复习到章节复习，从期中复习到期末复习，我们常常觉得复习形式不够多，学生积极性不够高，复习效果不够好。思维导图可以作为一个很好的复习方法和复习工具提供给学生使用，学生可以不看任何资料，整理、绘制，以检查掌握的程度，然后再翻阅书本资料，以原有的导图，再把该补充的绘制上去，千万不要停留在知识点的整理上，可以选取某个专题整理，比如以直角三角形为中心，整理绘制与其相关的思维导图，比如以一个问题为中心，将涉及的知识和相关问题辨识等发散整理。

（4）让学生用思维导图逐步呈现。第一次个体构图。将学生分成小组，让学生先独立形成个人的思维导图。为了降低难度，在这一环节，教师可以提供"可视化支架"，给学生一些样例或者留白式的思维导图，供学生模仿或填充。样例与当前知识点的相似程度、留白的程度应根据学生的知识水平调整。第二次构图。组内交流，个体修改。教师在巡视学生绘图的过程中，应关注学生所画思维导图的质量，并挑选部分学生给同伴讲解，分享建构过程的心得，调动学生学习的积极性和主动性。第三次构图。小组间交流，小组修改。教师组织小组之间的交流后，每个小组完善本组的思维导图。活动结束后，学生绘制的思维导图更加细化，从中可以发现学生所建立的知识间的联系。最后一步集中演示。请一个组展示最终修改后的作品，让全班同学可以更直观地了解本章的知识结构。

在复习课中，从被动"接受"到主动"生成"，学生要经历学习方式的巨大转变。教师需要提供"支架"，帮助学生顺利完成这一转变，并且最大限度地从这一新的学习方式中受益。教学实践探索表明，思维导图使学生成为数学复习课的主体，提高了数学复习课中师生、生生交互的效果和效率。思维导图的运用体现出学生思维的提升，优化了学生的思考过程与方法，使师生各自的认识得到完善与拓展。

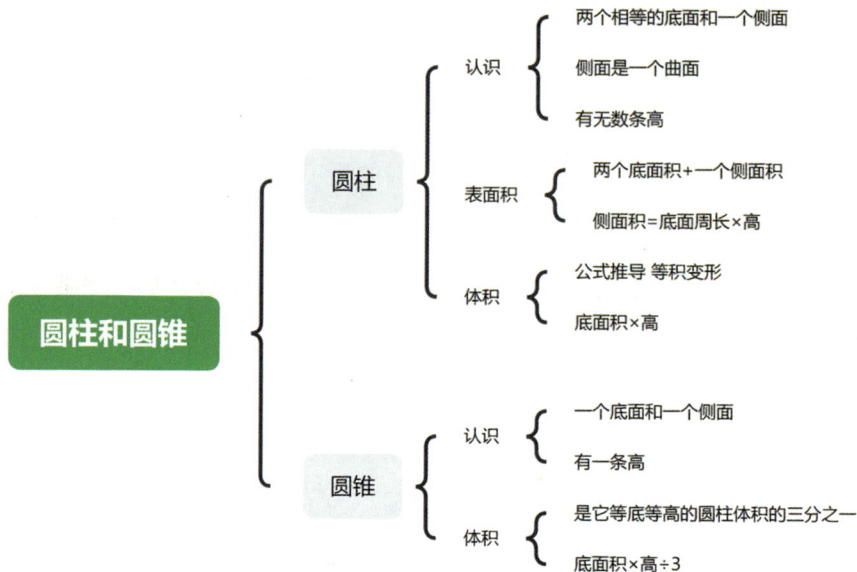

图 2-15　人教版数学六年级下册《圆柱和圆锥》复习课（汪秀春）

《圆柱和圆锥》应用括号图说明（人教版数学六年级下册）

1. 可视化工具：概括图

括号图主要的应用是拆分，主要培养空间感，对感知宏观与微观、整体与部分的关系有帮助，也就是对一个事物的整体进行拆分分析，从而揭示整体和部分的关系，并能够对整体事物的微观构成形成比较清晰的认知。

2. 设计意图

整理《圆柱与圆锥》整个单元的知识，温故而知新。这个单元的内容上包括圆柱和圆锥两个部分，所以在应用"括号图"把整个单元分成两部分，进而再进行细分梳理最为合适了，内容清晰可见。

　　把思维导图运用新课程理念下的数学教学，无论是对课堂的主体，学生还是课堂的主导教师，都有着十分重要的意义，思维导图是最直接作用于思考、探究和联想学生在教师的帮助下，逐渐学会自己思考和解决问题，培养起创造思维，并把所学的知识用到实践中，希望他能在我们的教学中发挥更大的作用。

第三节　运用思维导图进行教研

教研工作是学校教学的一项主要工作，也是另一种教学形式。我们教师往往限于自身的水平和能力，向别的老师学习，借鉴其他先进的经验，先进的理念，先进的教学方法，高超的教学艺术，以促进自己的专业成长。教研工作是教学活动中不可或缺的，"说学教育"教师只有通过参加各种类型的教研，不断提升专业水平，才能胜任我们的工作。每次的教研必须有明确的中心，确定的主题更要有一定的理念，思想引领，要有明确的目的，期望所能达到的高度，不能为了教研而教研，不能走形式，走过场，要把教研中所能达到的效果放到自己的教学实践中，每次的教研要研究我们实际教学中所遇到的问题，就带着问题去教研，也可以说是一种"草根教研"或叫"问题教研"，我们的教研也叫作"见缝插针式"的教研。

一、教研组长以思维导图策划教研活动

随着基础教育课程改革的深入，教师成为学校的教育研究者。基层组织的教研组无疑是新课程实施的最基本单位，其中教研组长是学校教育科研理念的落实者和学科教学活动的组织者，他们在很大程度上影响着学科发展的方向以及学科科研活动的高度。要深入开展课程改革，必须重视发挥教研组长的作用。组长成了学校组织教研工作的引领者，平等合作者，智慧激发者。教研组长在做好自己本职教学工作的同时，还要积极的组织策划教研组的活动方案，方案就成为必不可少的环节，怎么样能够提高？我们可以用思维导图进行设计。

数学组教研活动

专题

自由主题

如何培养一年级的小对子合作能力

《两位数加一位数》

时间：4月25日

教师

王婷　第2节

张圆　第3节

厘清算理，培养学生数学核心素养

《两位数加一位数》

时间：5月16日

教师

段思宇 第2节

季惠萍 第3节

如何进行高效复习

《100以内的加减法整理和复习》

时间：5月31日

教师

海春蕾 第2节

余科亮 第3节

授课地点：智慧教室

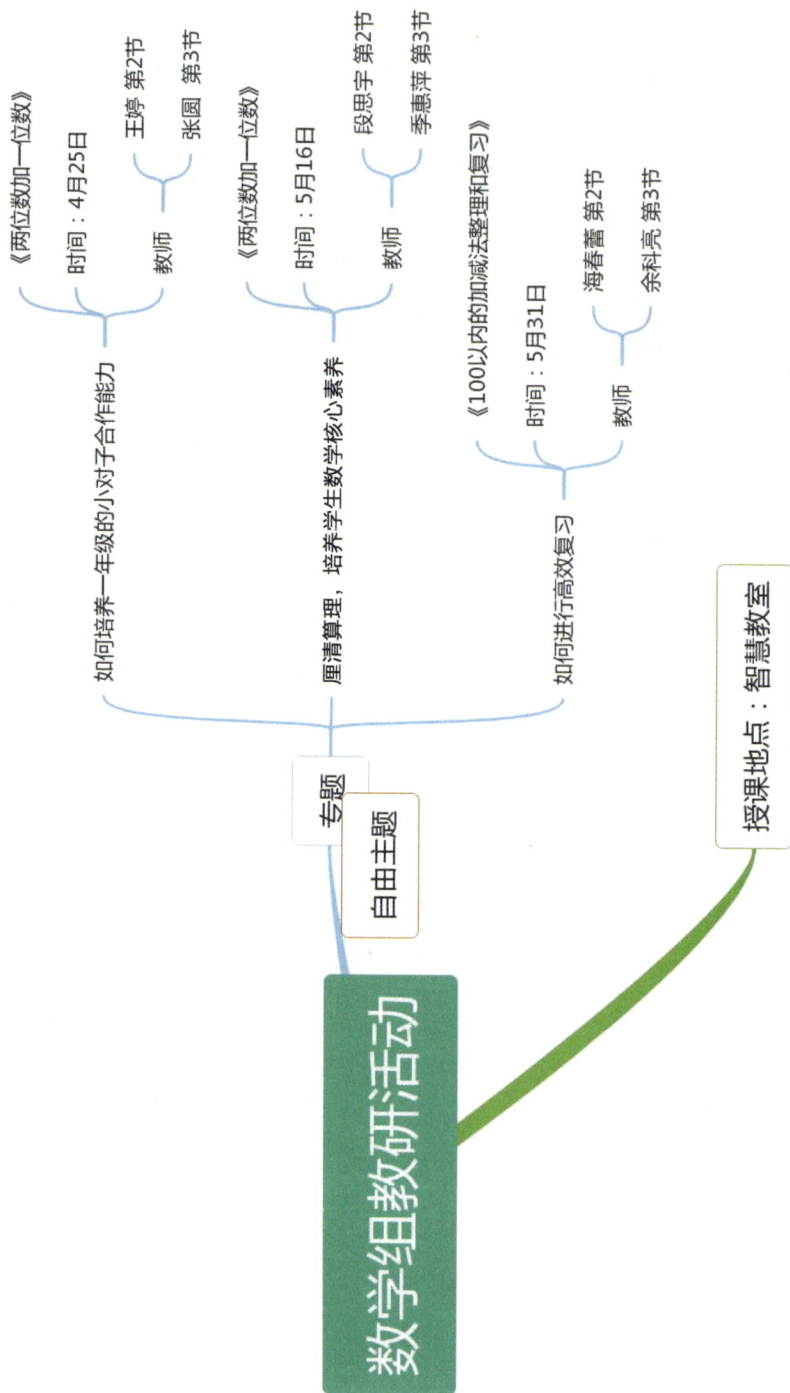

图2-16 教研组长策划教研活动（汪秀春）

公开课安排思维导图设计说明

　　根据学校教导处的工作安排，"周周公开课"在各个教研组每周依次开展，因为各个教研组的安排放在一起，不太方便查阅，所以我把数学组的单独用思维导图整理出来。

　　将几周的专题和授课地点放为两个部分，进而对每个专题的课题、授课时间和授课教师进行梳理，既能抓住关键词，也能将关键内容进行深化处理，简洁明白，一目了然。

二、学科教师以思维导图总结专家讲座

　　教师用思维导图教研或听讲座时，一般需要做笔记。以往我们采取直线型方式，由于不能及时将课堂所讲内容进行归纳总结，培训中的笔记仅仅是对专家、大师讲解内容的复制，而这种复制常常是不完全的，相互之间没有关联，没有重点，等到课后再想总结，由于时过境迁，对授课内容已经记不完全，讲座笔记变成了残缺不全的知识集录，对于今后回顾应用的价值不大。同时由于记笔记速度比较慢，会出现笔记和听讲不能同步的现象。如果采用了思维导图，将专家大师讲解的一些核心内容记下来，核心内容之间的联系，用线条连接，此时我们的思维重点、思维过程以及不同思路之间的联系，就可以清晰地呈现在图中，这样的培训笔记不仅能够迅速帮你进行归纳总结，而且整堂课的讲授过程，形象地被记录在图中。传统记录方式把老师讲的东西全部记下来，自己没有一点思考的时间，而用思维导图就可以只记录关键词，将要点以词语记下，把相关的知识点用线连上，加以整理，节省大量时间用于思考问题，由于采用了曲线和无线分支的方式，能够很容易的了解所学各项内容之间的逻辑关系。以后回顾时只需将这幅图从头到尾再过一遍，那么当时的情景就在脑海中重现一遍，这对于今后的运用，无疑也是极大的帮助。

义务教育数学课程标准解读——史宁中教授

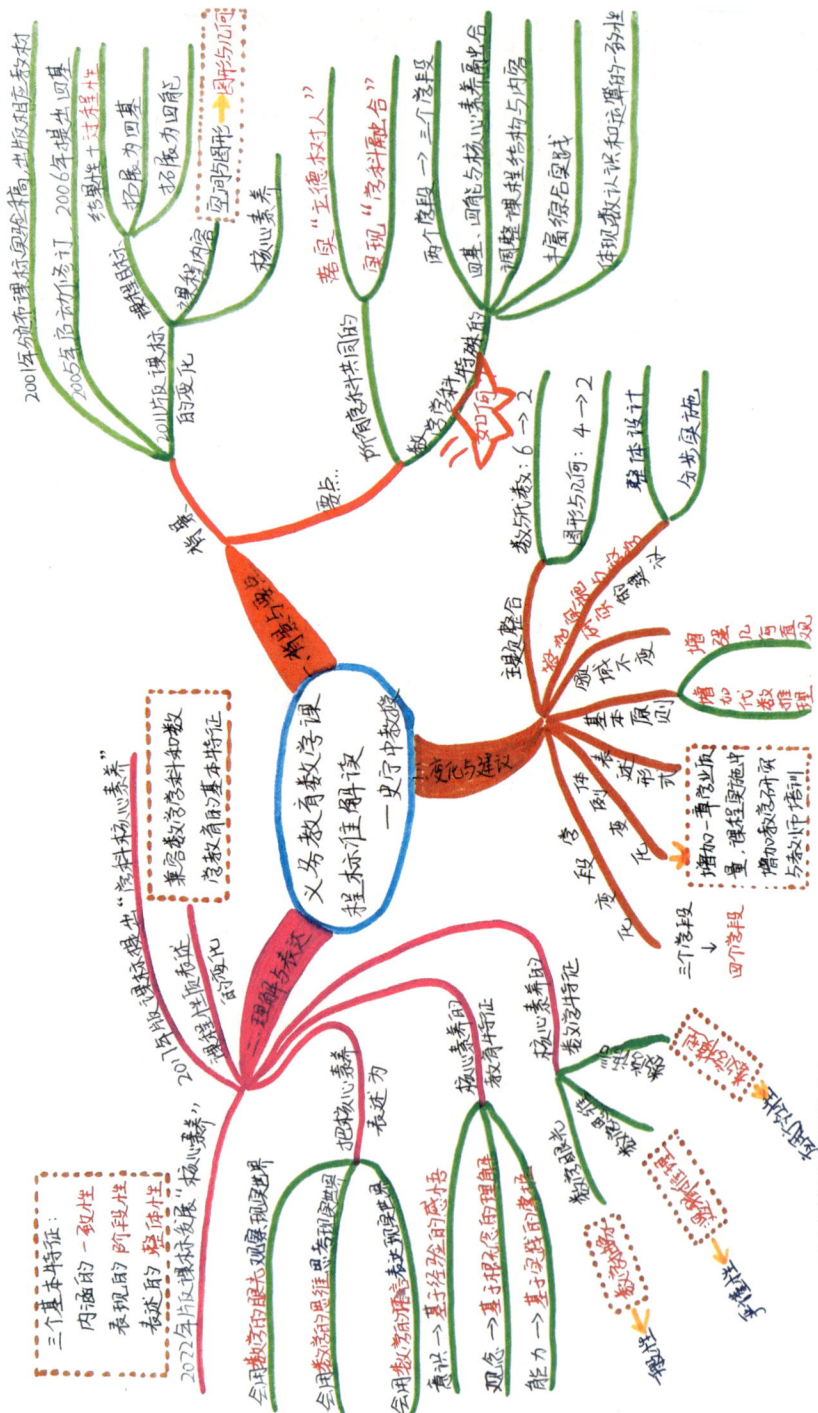

图2-17 聆听专家讲座（海春蕾）

课程讲授思维导图设计说明
——以《史宁中教授义务教育数学课程标准解读》为例

一、课标修订的背景和要点

（一）2011 年版变化

1. 课程目标：结果性目标+过程性目标；拓展四基：基础知识、基本技能、基本思想、基本活动经验；拓展四能：发现、提出、分析和解决问题的能力。

2. 课程内容："空间与图"修订为"图形与几何"，并增加若干几何基本事实（忽视代数基本事实）。

3. 核心素养。

（二）2022 年版新课标修订要点

1. 共同原则：落实"立德树人"的根本任务和实现"学科融合"的教学要求。

2. 思考：（1）如何融合"四基""四能""核心素养"；（2）如何调整课程结构和内容；（3）如何丰富"综合与实践"；（4）如何在小学中体现数的认识与运算的一致性。

二、核心素养的理解和表达

（一）基本特征：内涵的一致性；表现的阶段性；表述的整体性。

（二）数学核心素养：会用数学的眼光观察现实世界（数学抽象）；会用数学的思维思考现实世界（逻辑推理）；会用数学的语言表达现实世界（数学模型）。

三、变化与建议

（一）学段变化：三个学段分解为四个学段。

（二）体例变化。

（三）表述形式。

（四）基本原则：增加代数推理和增强几何直观。

（五）领域不变。

（六）主题整合：

1. 数与代数（六个主题→两个主题）；

2. 图形与几何（四个主题→两个主题）。

（七）教学实施与教学研究的建议：整体设计和分别实施。

三、学科教师以思维导图形成说课反思框架

"说课"简单的说就是授课教师向其他参与教研活动的老师讲述教什么，怎样教，为什么这样教的一个过程。"说课"的要素，一是师生的任务和目标，即"教什么"和"学什么"；二是教学的方法和学法，即"怎么教"和"怎么学"；三是教学设计的理论依据是什么，即"为什么要这样教"和"为什么要这样学"。

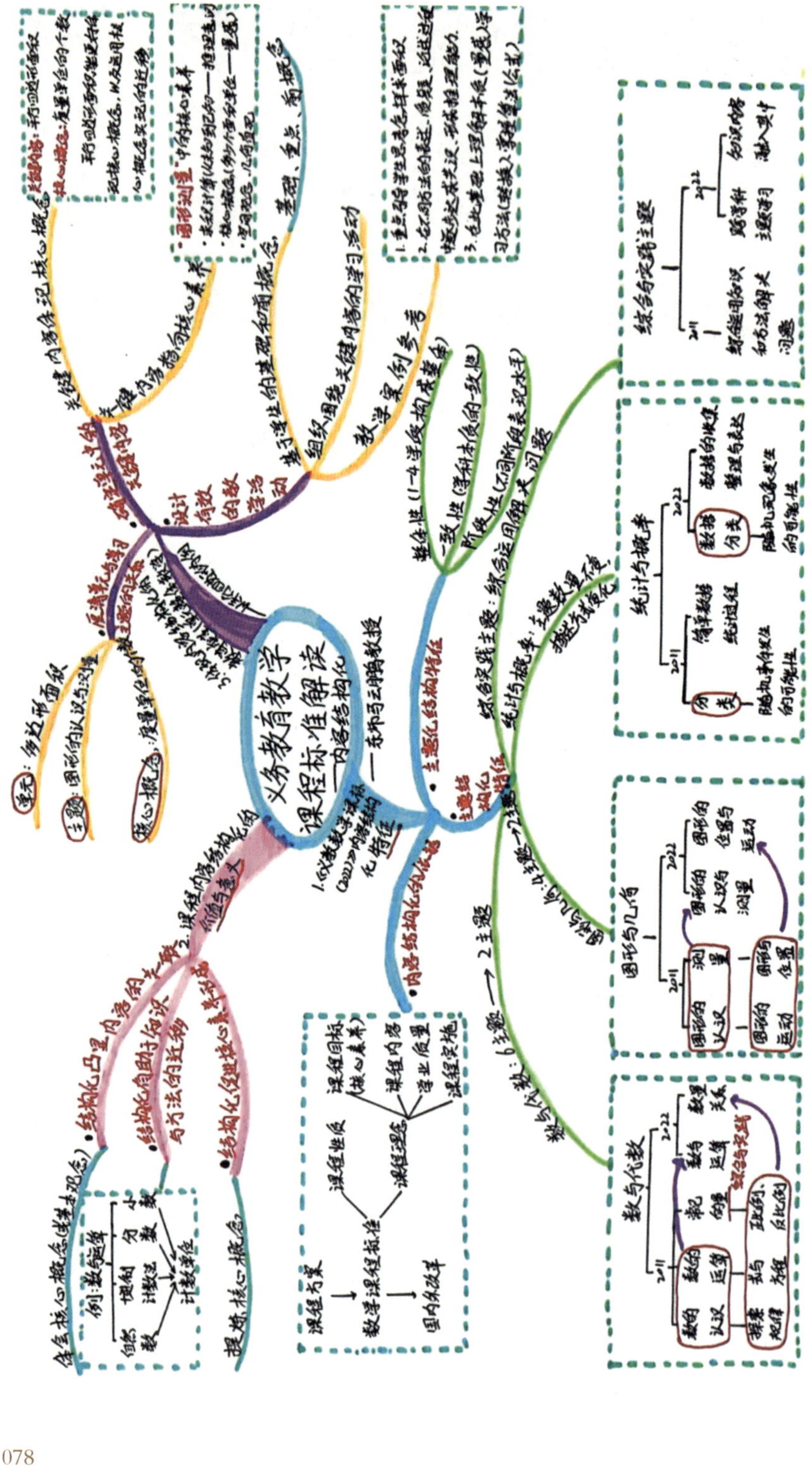

图 2-18 聆听专家讲座（王婷）

义务教育数学课程标准解读——内容结构化（东师马云鹏教授）

马云鹏教授从内容结构化分析角度对《义务教育数学课程标准（2022年版）》进行了解读，主要从内容结构化特征、内容结构化的价值与意义、体现内容结构化的教学变革三个方面来开展本次讲座。

一、《义务教育数学课程标准（2022年版）》内容结构化特征

1. 内容结构化的依据

课程方案：加强课程内容的内在联系，突出课程内容结构化。

数学课程标准：重点是对内容进行结构化整合，探索发展学生核心素养的路径。

2. 主题结构化整合

义务教育阶段数学课程主要以数与代数、图形与几何、统计与概率、综合与实践四个单元整合。

3. 主体结构化特征

课程标准是如何体现结构化的三个特征：整体性（1~4学段构成整体）、一致性（学科本质的一致性）、阶段性（不同阶段表现水平），又分为学业要求、思维水平（核心概念）、核心素养的阶段性，并给出了丰富的例子。

二、课程内容结构化的价值与意义

课程内容结构化目的在于体现学习内容之间的联系，从内容之间的关联中体会其中的核心概念（或基本观念）；核心概念可以把主题内零散的内容联系起来，有助于知识与方法迁移；结构化促进核心素养形成。

三、体现内容结构化的教学变革（单元整体教学）

最后强调了单元整体教学的一个流程，具体以厘清单元与学习主题的关系，确定单元中的关键内容，并给出了"平行四边形"的教学设计案例。

（一）"说课"的积极意义

实施新课程，贯彻新理念，迫切需要教师教学观念的更新和教学方法的转变，需要学校教研活动方式的改革和教学研究制度的创新。"说课"作为一种教学研究的新方式，已成为衡量教师整体素质和教学基本功的一种重要手段，从而使这种新型教学研究模式得到不断完善和发展，其意义日显重要。

1. 拓展了教学研究视野

以说课为突破口，建立有利于教师个人和教研组整体提高的校本教学研究机制，不仅是实现教师专业发展、提高教师课程实施水平的有效方式，也是深化课程改革、贯彻落实素质教育的基本要求。

2. 增强了教研活动实效

"说课"活动不但是说课教师个人的独立表演，还是听课者共同参与，内容具体，又贴近教学实际的教研活动。"说"发挥了说课教师的作用，"评价"又使教师群体智慧得以发挥。这种把个人研究与集体研讨融为一体的教学研究活动，既能集众人的智慧，又能扬个人的风格，使教研活动真正成为落实学校教育教学工作的基本阵地。

3. 提升了课堂教学效率

说课恰好起到了直接助教、教研结合、优化教学的作用。促使教师进一步明确教学的重点、难点，厘清教学的思路。这样就可以克服教学中重点不突出、训练不到位等问题。

4. 强化了教师教学素养

当教师的教学实践活动，注入了说理层面——"说课"，感悟层面——反思，微观层面——案例活动，就能不断在"深思"与"探究"中，实现观念更新和文化再塑，进而形成一种教学研讨的气氛，促进教学与研究结合，理论与实践结合，起着以"虚"带"实"、以"理"统"行"、共同提高的作用。

此外，"说课"要求教师用语言把自己的教学思路及设想表达出来，通过语言向听课者介绍怎样上课，这种形式为教师提供了在有人监督和评论中用口语来进行教学的机会。这就在无形中提高了教师的组织能力和表达能力，提高了自身的素质。"说课"活动的持续开展，能有效地激发了教师积极学习、求实创新、大胆尝试的改革精神，大幅度提高教师业务素养。

（二）"说课"的基本方法

"说课"不是讲课，它要求说课教师说明自己的教学思路和方法，以及对教学效果的设计。它是备课和课堂施教的内在蓝图与"潜台词"。说课中，要求说课教师将教学设计做口头介绍，重点是要说出"课的结构"和"为什么这样做"的道理、原理。这就要求教师自己首先要对课程标准、教材、教参、教育理论、心理理论等有深入的研究，要对课堂教学的原理和策略、课程教材改革的精神十分熟悉。

当然，说课也有一定的局限性，因为这毕竟是"嘴上谈兵"，看不到教师如何临场发挥，看不到教师驾驭课堂的艺术，也看不见学生对知识的理解、掌握的效果和学生实际思维的过程。但毋庸置疑，随着教育改革的不断深化，集"编、导、演、教"于一身的"说课"形式，正悄然兴起，其综合反映教师素质、教师教育理论水平、教师教学业务能力的优越性日益显现，其实践与理论价值也正得到越来越多的教育同仁的认同。

1. 说教材

教材简析，提出本课时的具体明确的教学目标，分析教材的编写思路，结构特点以及重点、难点和关键。

2. 说教法

主要说明教什么的问题和为什么要教这些的道理，即在个人钻研教材的基础上说清本节课的教学内容的主要特点，它在整个教材中的位置作用和前后联系，并且说出如何根据新课程标准和教材内容的要求确定本节课的目的、目标、重点、难点、关键。

3. 说学法

解说如何实施学法指导上，主要说明要怎样学和为什么这样学的道理，要讲清楚教者是如何激发学生学习兴趣，调动积极思维，强化学生主动意识，特别是在当今的新课程改革中，怎样转变学生的学习方式，倡导以主动参与、乐于探究、交流与合作为主要特征的学习方式，不但要让学生"学会",还要让学生"会学"和"乐学"。

4. 说教学程序

教学程序基本内涵就是课堂结构,是说课的重要部分,要说清楚以下几个方面内容。

(1) 教学思路与教学环节安排。授课者要把自己对教材的理解和处理针对学生实际,借助哪些教学手段来组织教学的基本教学思路说明白。

(2) 说教学程序,要把教学过程所设计的基本环节说清楚,但具体内容只需概括介绍,只要听讲人能听清楚教的是什么、怎么教的就行。介绍教学过程时不仅要讲教学内容安排,还要讲清为什么这样教的理论依据,包括大纲依据、课程标准依据、教学法依据、教育学和心理学依据。

(3) 说明教与学的双边活动安排,这里说明怎样运用现代教学思想指导教学,怎样体现教师的主导作用和学生的主体活动和谐统一,教法与学法和谐统一,知识传授与智能开发和谐统一,德育与智育的和谐统一。

(4) 说明教学重点与难点的处理。要说明在教学过程中怎样突出重点和解决重点,解决重点运用了什么方法。说明采用哪些教学手段辅助教学,什么时候什么地方用这样做的道理,同时还要说清楚课题的板书设计和设计意图。

总而言之,说课的方法和技巧可以概括为以下五点:一说准教材,二说明教法,三说会学法,四说清教学意图,五说清练习层次。

(三) "说课"的基本原则

第一说理精辟突出理论性说课的核心,说理在于说清为什么这样教。第二客观再现具有可操作性,说课的内容必须客观、真实、科学、合理,不能故弄玄虚生搬硬套,一些教育教学理论的专业术语,真实地反映自己是怎么做的，为什么这样做。第三不拘形式，富有灵活性。"说课"可以针对某一节课的内容进行，也可以围绕某一单元某一章节展开，可以同时说出目标的确定，教法的选择，学法的指导，进行程序的全部内容，也可以只说其中的一项内容，还可只说某一概念是如何引出的。要做到说主不说次，说大不说小，说精不说粗，说难不说易，要有话则长，无话则短，不拘形式的原则，防止拘于成规的教条式倾向，说课只要体现教学设计的特色，展示自己的教学特长就好。

（四）用思维导图进行说课，是丰富说课形式之一

它能够纲要性地凸显说课脉络，能够做到详略得当。特别适合相对成熟的老师在说课教研时使用，思维导图结构的说课稿成为老师教研时有质量发言的思维支持。

（五）用思维导图做说课稿

第一步确定课题及小专题名称，第二步确定第一层级分支，即说课内容"说教材、说教法、说学法、说教学程序、说练习、说板书"等几个内容。然后确定"详略"，教学程序、教法、学法等要重点详细说明，其他几个方面只需概括到位，这样就确定了第二层级的分支。第三层级的分支只需要在详细说明的部分之下连接。注意每个层级都要用到关键词，这就需要老师们有较强的概括能力。第三、第四层级可以安排详细说明。同时在各层级可适时用不同的颜色标注清楚教法和学法。这样，可能一篇 2 000~3 000 字的说课稿，就会被简洁明了的"思维导图"提纲挈领地概括出来，便于说课者从整体上把握"说课过程"，也使聆听者从图文并茂的导图中直观了解到全课的设计、理论依据及操作方法。

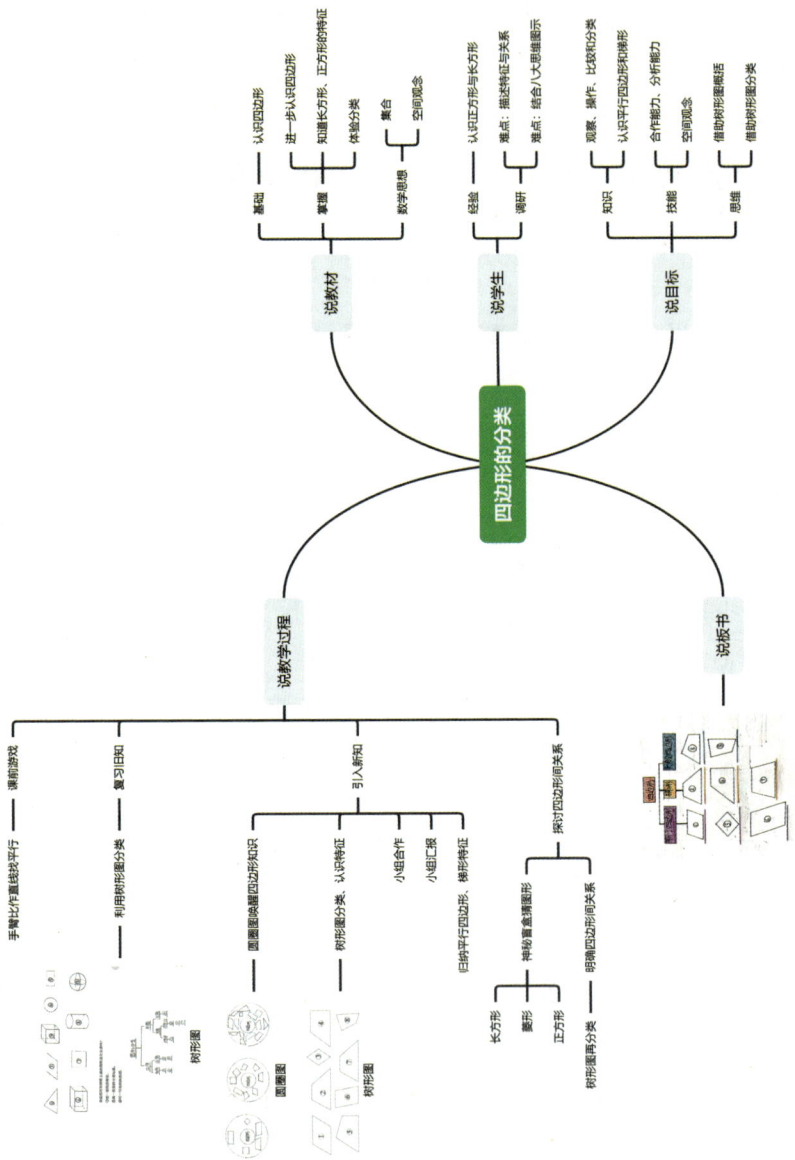

图 2-19 北师大版数学四年级下册《四边形的分类》（马娟）

北师大版数学四年级下册《四边形的分类》思维导图说明

本节课是北师大版数学四年级下册第二单元的教学内容。思维导图由说教材、说学生、说目标、说教学过程和说板书设计五个板块组成。

【教学内容分析】

本节课是四年级下册第二单元的内容，是建立在学生已认识四边形的知识基础上进行的。

本课的内容是对四边形进行分类，通过分类让学生了解平行四边形及梯形的特征，并进一步认识平行四边形；知道长方形、正方形是特殊的平行四边形。

通过本节课的学习，帮助学生掌握四边形按两组对边是否平行可分为平行四边形、梯形和一般四边形。

教材引导学生通过体验分类，探索出分类的标准。旨在培养学生分析比较、抽象概括的能力，提高学生解决实际问题的能力，并渗透集合的数学思想发展学生的空间观念。

【学习者分析】

《义务教育数学课程标准（2022年版）》指出，促进学生空间观念的发展是小学数学几何教学的重要任务。

我们班整体来说，数学学习基础比较好。通过学前调查，全部学生认识长方形、正方形、平行四边行，超过一半的学生认识梯形。但很少有学生能准确的描述出这些图形的特征和图形间的关系。这些都是比较抽象，也较难掌握。学生的生活实际和所接触的事物大都和空间与图形有关，他们的生活经验是发展空间观念的宝贵资源。结合八大思维图示，多角度地思考，把四边形进行分类，概括出他们的特征，经历探索图形性质及其变化规律的过程，从而获得鲜明、生动和形象的认识，进而使学生的知识与能力得到同步的发展。

【教学目标】

说明：在三维目标（知识与技能、过程与方法、态度情感价值观）的基础上增设思维发展目标，即通过何种方式（如双气泡图）培养学生何种思维能力（如比较和对比能力）或那种思维倾向（如批判性思维、创造性思维等），并增强三维目标中哪个目标的达成。

一、知识与技能

1. 通过观察、操作、比较和分类，认识平行四边形和梯形。理解四边形之间的关系。（难点）

2. 经历把四边形分类，抽象概括特征的过程。（重点）

二、技能目标

1. 通过小组合作培养学生的合作能力和观察、分析能力。

2. 拓展学生的空间观念，激发学生主动参与、自我探索。

三、思维目标

1. 借助树形图对四边形的特征进行概括与分析，发展学生归纳能力。

2. 借助树形图对四边形进行分类，提升分类思想，发展学生逻辑思维能力。

【教学设计思路】

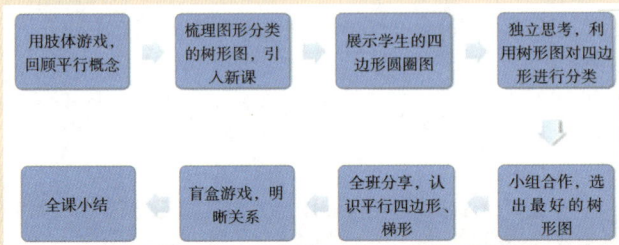

一、课前热身游戏

同学们，我们这学期学过两条直线互相平行，你们还记得什么叫互相平行吗？那我们来做个游戏，我举起一只手臂作为一条直线，请一名同学用一只手臂做这条线的平行线。

【设计意图】通过"手臂比作直线，找平行"游戏，拉近与学生的距离，活跃课堂气氛。加深对平行的形象记忆。

二、复习旧知，引入新知

同学们，我们前两天利用树形图将我们学过的图形进行分类。我们一起来回顾一下同学们的作品。

我们按立体图形、平面图形分成了两大类，在平面图形中，我们又按边分成圆形、三角形、四边形。那四边形还能不能再继续分类呢?今天我们就来研究四边形的分类。

1. 用圆圈图唤起对四边形学习的记忆

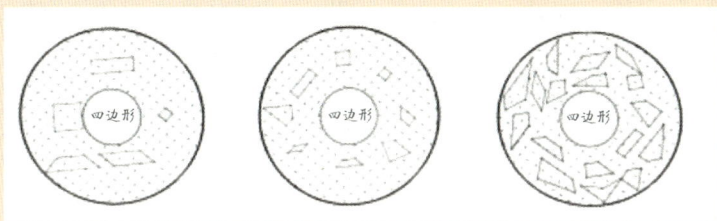

【设计意图】通过层层对比，让学生看见思考的力量，激发学生要主动思考、深度思考，学会与问题相处久一些。

2. 认识图形特征，按树形图分类

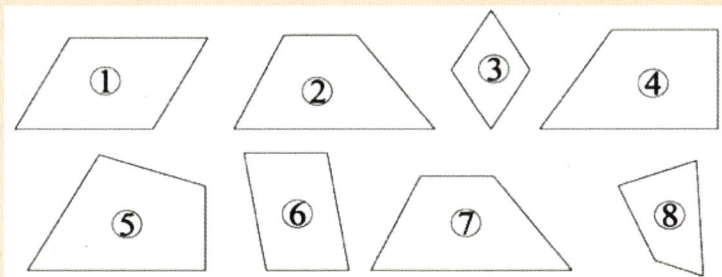

同学们，认真观察这些四边形，想一想，如果让你来分类，你打算按什么分类标准分?

预设:

(1) 按角的特点来分类;

(2) 按是否是轴对称图形来分类;

(3) 按有几组对边平行的特点来分类。　(板书关键词)

请同学们独立思考，完成学习单，写一写、画一画四边形的树形图。　(教师指导、点拨)

【设计意图】四边形分类的标准有很多。数学中是按平行情况来分类四边形。这是最有意义的一种分类标准。所以给学生搭个梯子，规定按是否平行来分，节省时间，之后的探讨为学生留出时间。

3. 小组合作交流，为作品集赞。

(1) 请你向小组成员介绍你是怎么分类的；

(2) 选出小组中你最喜欢的树形图，为他点赞投票；

(3) 小组内推选出最好的作品，并说说为什么。

4. 小组汇报分类结果。

请小组上讲台汇报分类结果。

预设：

(1) 按有平行线的分一类，没有平行线的分一类；

(2) 按边的特点分：两组对边平行的；一组对边平行，另一组对边不平行的，没有一组对边平行的。

5. 归纳平行四边形、梯形的概念。

(1) 认识平行四边形；

(2) 认识梯形；

(3) 一般平行四边形；

(4) 讨论归纳平行四边形和梯形的特征：有两组对边分别平行的四边形就是平行四边形；只有一组对边平行的四边形是梯形。

【设计意图】引导学生根据平行情况给四边形分类，在独立思考的基础上，组织学生进行小组合作交流，再上台汇报，一个人分类摆放，另一个人再说一说分类的依据是什么。这样，学生充分展示自己的分类方法，培养学生的动手能力和分析能力，并通过图形的特点明确认识了平行四边形和梯形。

三、探讨四边形间的关系

1. 神秘盲盒猜图形

【设计意图】让学生确定提示内容，再一次强化本节课重点：有几组平行线是划分这几种图形的标准。

(1) 长方形

【设计意图】制造认知冲突，引发学生思考：长方形也是有两组对边分别平行的四边形，长方形属于平行四边形吗？它符合平行四边形的特征吗？从而突破难点，在生生互动的讨论中，让学生明确了长方形是特殊的平行四边形。

(2) 菱形

【设计意图】再次产生认知冲突，让学生意识原来四边相等的平行四边形除了正方形还有菱形。菱形也是特殊的平行四边形。

(3) 正方形

【设计意图】转变学生思考路径，让学生在掌握了正方形的特征后，归纳出正方形的特征。从中感悟到，正方形是特殊的长方形，正方形和长方形是特殊的平行四边形。

2. 明确四边形间的关系

（1）树形图再分类

综合四边行的样子，对四边形进行分类的。首先根据对边平行的情况，将所有四边形分为平行四边形、梯形和普通四边形三类。接着又根据有没有直角对平行四边形进一步分类。没有直角的平行四边形，分为一类叫作一般平行四边形，有直角的分为一类，叫做长方形。最后，根据长方形中边的长短又将长方形分成正方形和一般长方形。所以正方形也是特殊的长方形。

【设计意图】巩固所学知识，发展学生思维，不同层次的学生都对长方形、正方形、平行四边形的关系有所收获，充分体现了"不同的学生在数学上得到不同的发展"这一课改理念，让学生人人都获得成功的体验。

四、全课总结

【板书设计】

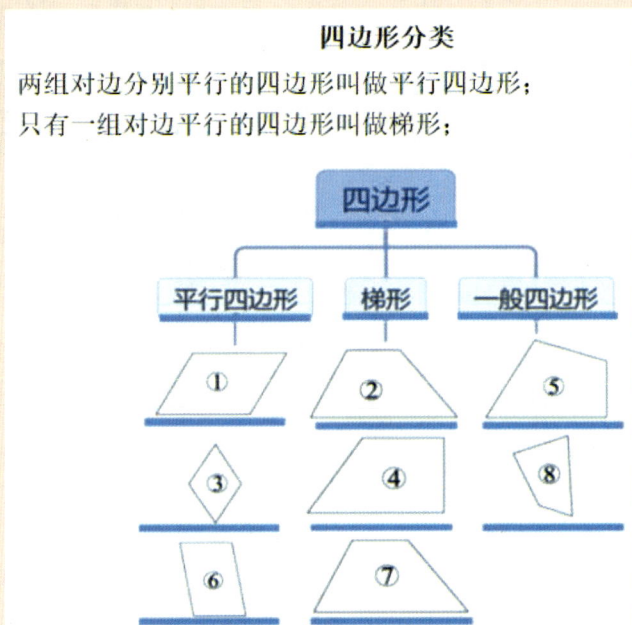

四边形分类

两组对边分别平行的四边形叫做平行四边形；
只有一组对边平行的四边形叫做梯形；

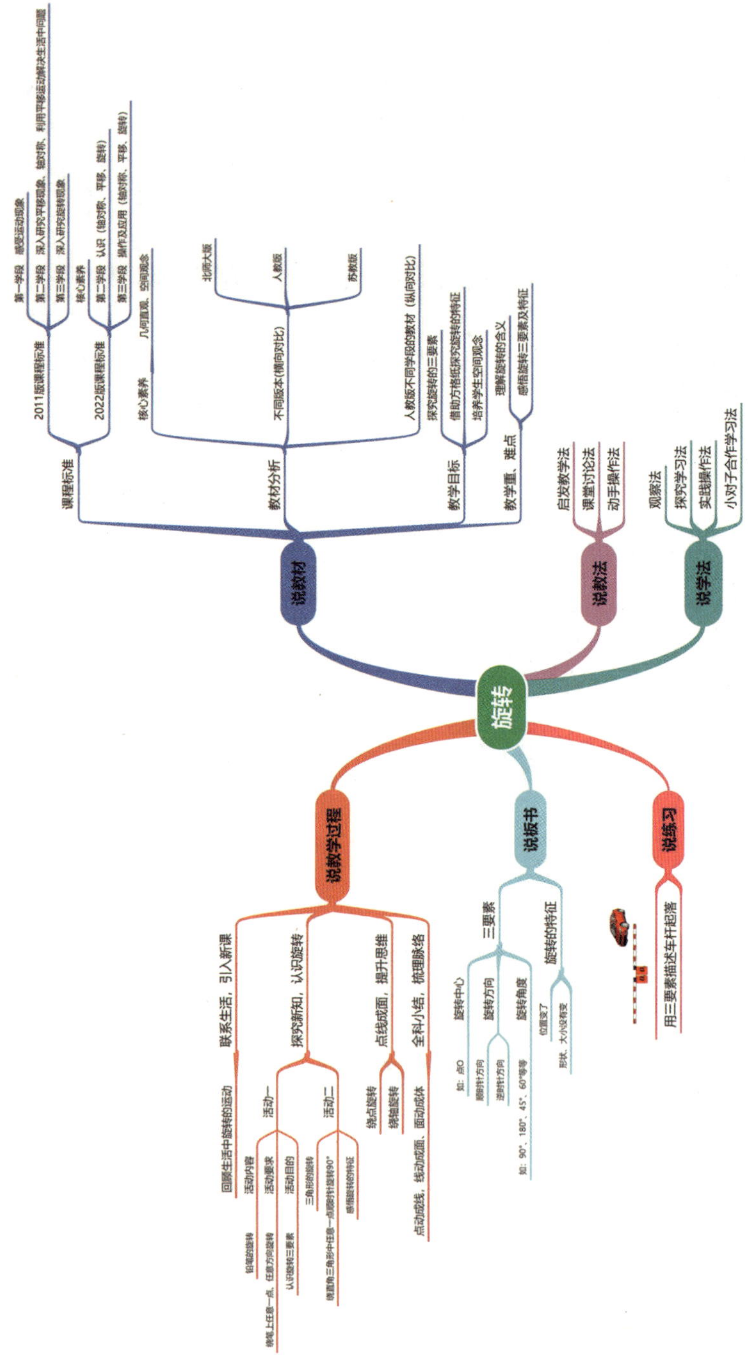

旋转
说教材
课程标准
2011版课程标准
第一学段　感受运动现象
第二学段　深入研究平移现象，轴对称，利用平移运动解决生活中问题
第三学段　深入研究旋转现象
2022版课程标准
核心素养
第二学段　认识（轴对称、平移、旋转）
第三学段　操作及应用（轴对称、平移、旋转）
核心素养
几何直观、空间观念
教材分析
不同版本（横向对比）
北师大版
人教版
苏教版
人教版不同学段的教材（纵向对比）
教学目标
探究旋转的三要素
借助方格纸探究旋转的特征
培养学生空间观念
教学重、难点
理解旋转的含义
感悟旋转三要素及特征
说教法
启发教学法
课堂讨论法
动手操作法
说学法
观察法
探究学习法
实践操作法
小对子合作学习法
说教学过程
联系生活，引入新课
回顾生活中旋转的运动
探究新知，认识旋转
活动一
活动内容
铅笔的旋转
活动要求
铅笔上任意一点，任意方向旋转
活动目的
认识旋转三要素
活动二
三角形的旋转
绕直角三角形中任意一点顺时针旋转90°
感悟旋转的特征
点线成面，提升思维
绕点旋转
绕轴旋转
全科小结，梳理脉络
点动成线、线动成面、面动成体
说板书
三要素
旋转中心
如：点O
旋转方向
顺时针方向
逆时针方向
旋转角度
如：90°、180°、45°、60°等等
旋转的特征
位置变了
形状、大小没有变
说练习
用三要素描述车杆起落

图 2-20　人教版数学五年级下册《图形的旋转》（李娜）

人教版数学五年级下册《图形的旋转》思维导图说明

本节课是人教版数学五年级下册第五单元的教学内容。思维导图由说教材、说学生、说教法学法、说教学过程和说板书设计五个板块组成。

一、说教材

（1）对比分析 2011 年版数学课程标准和 2022 年版数学课程标准。

	第一学段	第二学段	第三学段
2011 年版课标	结合实例，感受平移、旋转、轴对称 现象。	通过观察、操作等，在方格纸上认识图形的平移与旋转，能在方格纸上按水平或垂直方向将简单的图形平移，会在方格纸上将简单图形旋转 90 度。	通过具体实例认识平面图形关于旋转中心的旋转。探索它的基本性质，一个图形和它经过旋转所得到的图形中，对应点到旋转中心距离相等，两组对应点分别与旋转中心连线所成的角相等。
2022 年版课标		能在实际情境中，辨认出生活中的平移、旋转和轴对称现象，直观感知平移、旋转和轴对称的特征，能利用平移和旋转解释现实生活中的现象，形成空间观念。	能在方格纸上进行简单图形的平移和旋转；认识轴对称图形和对称轴，能在方格纸上补全简单的轴对称图形；能从平移、旋转和轴对称的角度欣赏生活中的图案，能借助方格纸设计简单图案，感受数学美，形成空间观念。

【设计意图】研读课程标准，深入理解课程标准中的变化，以及对图形的运动（一）、（二）、（三）的解释和定位，为老师备课指导方向。

（2）**教材分析**

旋转是继平移、轴对称之后的又一种图形变换。主要内容是图形的旋转和特征，通过本节课的学习，使学生认识旋转，探索特征，体验一种新的图形变换方式，使学生建立运动变化的观点，培养空间想象能力。它不仅是本章学习中心对称图形的基础，而且也为今后学习平行四边形、图形的全等和圆这些知识做好铺垫，是构建学生数学知识体系并形成相应的数学技能的重要内容。

【设计意图】分析教材十分重要，要知道从哪里来，到哪里去。二年级、四年级都学习过图形的运动，知晓每个年级所学的内容是什么，前后衔接在哪里，为后续的学习又能做哪些铺垫，显得十分重要。

（3）**教学目标**

1. 进一步认识图形的旋转，会用准确的语言描述图形旋转的过程；

2. 认识图形旋转的特征，能借助学具在方格纸上描出图形旋转后的位置；

3. 培养学生的空间观念。

【设计意图】本节课重点深入学习旋转，了解旋转的三要素以及旋转的特征。

（4）**教学重难点**

理解旋转的含义，完整地描述一个旋转运动，感悟旋转特征。

二、说学生

学生已有经验：认识平移、旋转现象；会用平移解决生活中问题、会画出轴对称图形。

【设计意图】新课标提出核心素养，用数学的眼光发现问题，数学源于生活。从生活情景入手，初步感知旋转现象，为深入学习做铺垫，激发学生的求知欲。

三、说教法学法

学习策略：识现象、直观到抽象、动手操作、动脑联想

教学策略：演示法、交流法、情境导入法

四、说教学过程

（1）联系生活，引入新课

【设计意图】数学源于生活，从旧知出发，让学生联系生活想一想旋转现象，激发学生的求知欲。

（2）探究新知，认识旋转

探究活动一：旋转铅笔

【设计意图】从直观到抽象，铅笔通过任意一点旋转，但是旋转后的位置都不一样，产生认知冲突，为旋转三要素的探究做铺垫。铅笔也可以看作一条线段，抽象出图形，为图形绕一点旋转做铺垫。

探究活动二：旋转三角形

【设计意图】由线到面的旋转，感悟旋转的特征，深入探究面的旋转实质是线段的旋转。

（3）点线面体，提升思维

【设计意图】图形的组成：点、线、面、体，都运用到平移或旋转现象。

（4）全课小结，梳理脉络

【设计意图】借助思维导图帮助学生树立本节课知识重难点。

五、说板书设计

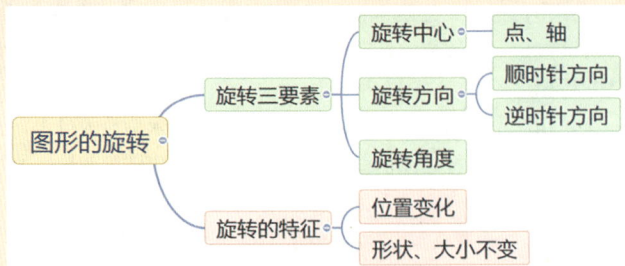

【设计意图】课堂生成思维导图，重点突出，便于记忆。

四、学科教师应用思维导图列举听评课提纲

听评课是一种最直接、最具体、最经常，也是最有效的研究提高课堂教学质量的方法和手段。听评课是教师相互学习，切磋技艺，研究教学的重要措施，也是教学管理部门了解教师教学情况的方法之一。

（一）听评课的积极意义

听评课具备着教科研功能，它既是一个验证理论指导实践的过程，也是一个实践操作升华为理论的过程，听评课也是教育同行进行教材分析、教法研究、教学经验交流的一种好形式。听评课具有激励发展功能，对教师教学能力的发展来说，更有两条路可走，一条是循环，一条是螺旋式上升，采取对外开放对内改造的策略是教学能力发展的道路，听评课对开拓教师的视野，激励教师上进发展，对教学能力的提高有着极其重要的作用，能引导教师走教学能力螺旋上升的道路。听评课，还有教学诊断功能，学校领导抓教师教学，有各种各样的途径，其中最主要的是听评课，包括课堂活动前观察，课堂活动后材料分析与交谈等三个阶段。分析的过程中，在肯定优点的基础上，重点分析问题，要对教师钻研教材，处理教材，了解学生选择教法教学程序的设计等方面做透视分析，查找产生问题的原因，最后提出具体改进的意见，这是一个诊断的过程。

（二）听评课的基本方法

听评课的方法，听课时要深刻理解讲课老师的良苦用心，注意观察每个环节的优点与不足，用欣赏的眼光和心态去感受课堂教学中师生的一举一动，并领悟其别具匠心的课堂设计，更值得我们去欣赏，去学习的是他们在教学过程中所表现出来对学生的尊重和赞赏。另外，听课还有多种感官，即用眼观、用手记、用脑思，集中精力观察师生双边活动和板书的时机及设计的巧妙，观察现代教学手段的运用情况，记录时文字要简练，这样我们才能节省时间，可以扼要的记下教师设计的重点突

破，难点分散情况和学生的典型发言，教学中的亮点与失误，等等。特别要多思，比如某个环节取得成功的原因何在，失败又是为什么，等等，并把这些简单记下来。

听课后要注意换位思考，这堂课我来讲该怎么做？将讲课教师的设计与自己的构思进行对比，谁的教法对于学生更合适？哪些地方值得我们吸取和发扬？哪些不足可以作为教训来避免从而变为自己的经验积累下来。

评课体现讲课者与听课者的沟通与交流，不能把评课活动开成了评判会或表扬会。其实，评课活动是资源共享，共同提高，不断提高教学质量的一项重要活动，评课方法是自评与互评的相结合，评课者要根据课堂实际对所授内容进行全面评议，从设计意图、课堂结构、教学过程和方法、教学基本功、心理素质、应变能力、师生交流、课堂气氛、教学效果、板书思维与媒体运用的同步性等方面认真分析课堂教学的得与失，综合集体智慧，提出改课的要求，从而使执教者和听评课共同进步。

用思维导图听评课，更加简洁明了。一般可采用流程图、鱼骨图等图形，可以清晰明了的把各环节呈现出来，重点放在各环节中的出彩部分或需要改进之处，最后附以整体评价。这样不仅可以为听课教师做记录节省出很多时间，也为评课时做好了发言框架，可以支持教师条理清晰地反馈听课评价。同时，这样简洁明了的图形，可以给授课教师一个清晰的印象，接受起来比较容易。当下各学校常态教研的时间都比较紧缺，各种教师素养大赛、基本功大赛中都是现场听评课，现听现评，即时性强。没有更多的时间思考、详细描述和评价。用思维导图听评课的方式，可以克服时间短的问题，有了思维导图评课，就有了发言框架，首先确定了脉络和条例，具体案例只需要说到时做概括性发言，不必费事书写。会后，教师依据听评课思维导图和自己现场发言进行反思，会写出一份高质量的教研心得。我们这样做，也为老师的专业成长提供方法、时间和空间，有利于老师们张弛有度地安排工作。

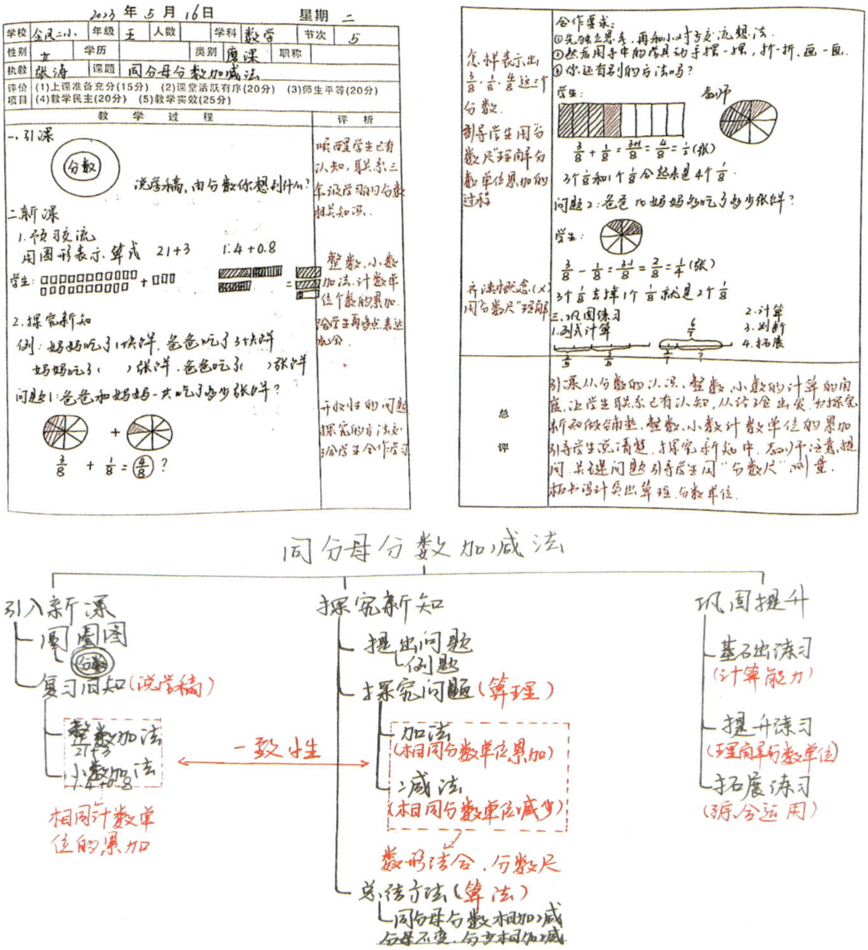

图 2-21　《同分母分数加减法》听课记录（沈艳玲）

《同分母分数加减法》设计说明

设计背景：听课记录

设计说明：

本节课是人教版数学五年级下册第六单元分数加减法第一课时《同分母分数加减法》，用思维导图将教师一节课设计的三个大环节清晰地呈现出来。

第一环节：引入新课。借助说学稿联系旧知，感悟整数加法、小数加法都是相同计数单位的累加，为这节课理解分数加法做铺垫。

第二环节：探究新知。抛问题给学生，学生借助"分数尺"理解同分母分数加、减法就是相同分数单位的累加（或减少）。体会加法减法的一致性。

第三环节：巩固提升。通过三个层次的练习，加深对知识的理解，培养学生的数学思维。

第三章　学生思维导图应用能力的培养

在落实新课标的过程中，学生的学不再只是书本知识，还有各方面的技能学习、思维的锻炼、情感的体验、素养的培育等，这些都不是教师可以通过语言直接传递给学生的，这就需要各种各样的教学活动，并且活动中学生是主体，教师是辅助，所以教师成了活动的参与者。新课程改革，既强调教师教的重要性，也强调学生主动学的必要性，教师与学生的互动，不仅生动了课堂，更让教学充满了生机，让学生充满了学习的活力。

我们在数学教学中，培养"看、制、用"的能力，形成学生核心素养。2022 年版新课标课程确立了核心素养导向的课程目标，要求"义务教育数学课程应使学生通过数学的学习，形成和发展面向未来、社会和个人发展所需要的核心素养。"同时也指出"三会"的核心素养：会用数学的眼光观察现实世界，会用数学的思维思考现实世界，会用数学的语言表达现实世界。因此，运用思维导图学习数学，要培养学生"会看""会制""会用"能力，促进学生抽象能力、应用意识、创新意识等数学素养的形成。

第一节　培养学生读懂思维导图的能力

培养学生读懂思维导图的能力也就是培养"会看"思维导图的能力。

一、思维导图的一般特征

思维导图是表达发散性思维的一种特别有效的图形思维工具。它将主题关键字与图像、颜色、文字等建立记忆链接，能够充分运用左右脑的机能，利用记忆、阅读、思维的规律，协助人们在科学与艺术、逻辑与想象之间平衡发展，从而开启人类大脑的无限潜能。东尼博赞介绍，当前全球使用的思维导图，就是给自己的思维拍照，每个人手绘的"地图"，大都呈放射形状，里面充满了各种图画、线条、符号的笔记。这样的思维导图通常都是中心发散型。

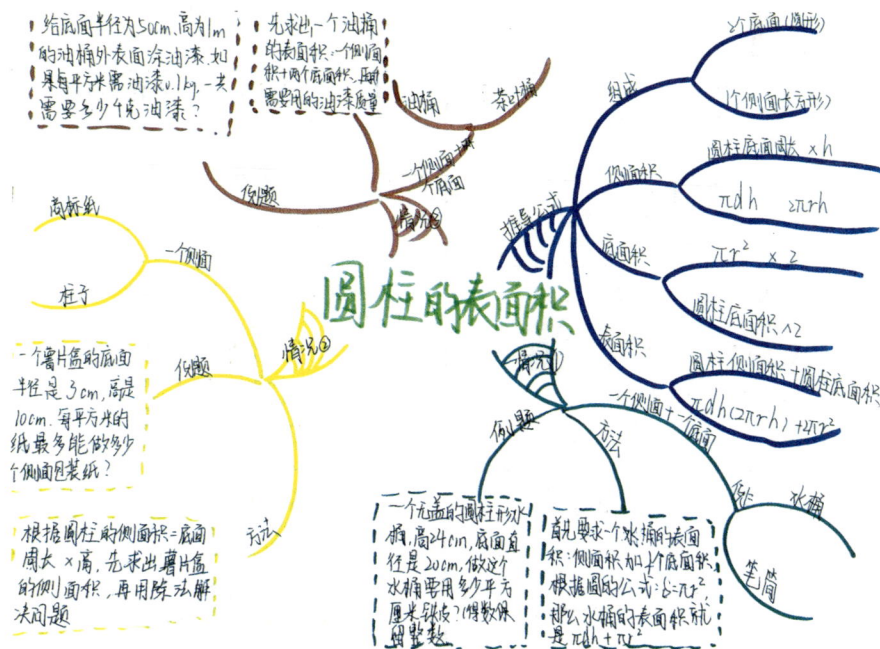

图 3-1　《圆柱的表面积》（学生供图）

东尼博赞曾说过"本质上大脑可以有更多的联系，枝条画出去之后是从一个要素联系到下一个要素，再去延续到下下个要素，所以它非常容易进行事物与事物之间的联系。"思维导图（mind map）其实是可以成为一个非常有创造力的过程，并且允许我们迸发出更多的新思维。

我们认为在小学生的数学学习中，可以广泛使用各种图画、线条、符号能反映各种关系的图都可以是思维导图。一般常见的有八种基本类型，包括圆圈图、气泡图、双气泡图、流程图、复流程图、框架图、括号图、桥型图等，另外还有鱼骨图、韦恩图、树形图，等等。单一主题的可以用一种类型，复杂的可以用多种图形组合。我们除了在手绘作品中用不同的颜色、线条的粗细、箭头的指向等方式记录展示师生的思维过程，同时也可以结合 PPT 动态展示，使思维层次更加清晰。

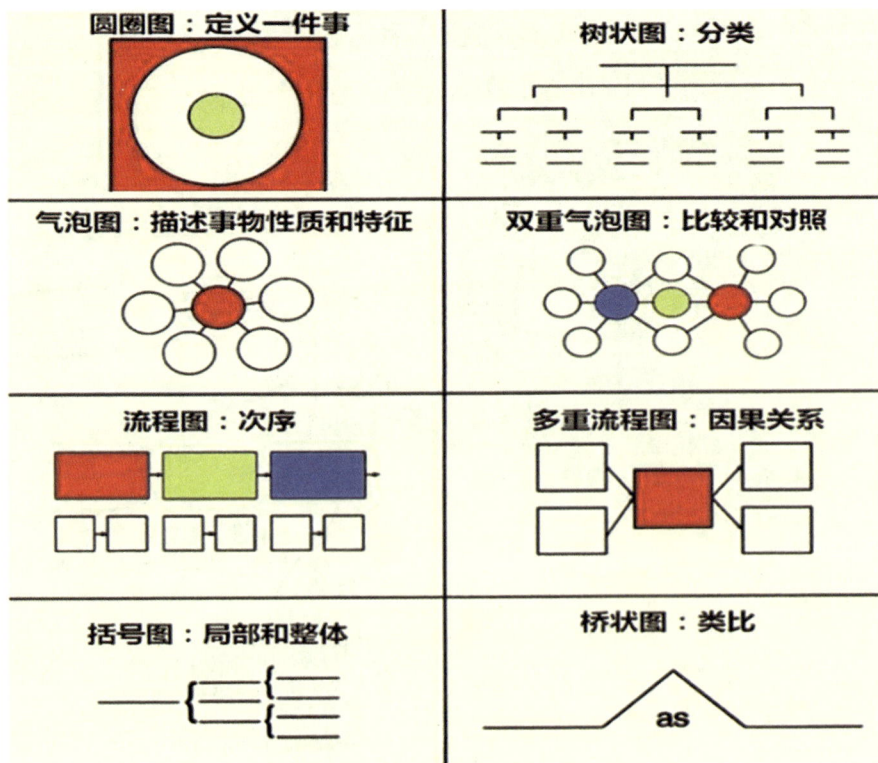

图 3-2　各思维导图突出特点

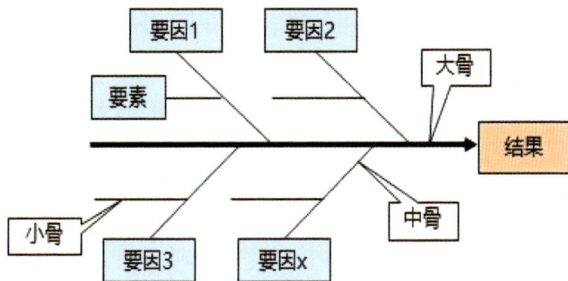

图 3-3　鱼骨示例图

鱼骨图给出一个结果，主题通过归纳引向主题收揽的因果关系表达方法。

圆圈图中间是主题，周围是解释；气泡图中间的主体为中心，向四周发散描述事物的性质和特征；双气泡图非常适合做对比，找出相同点和不同点；树状图按照一定的规律进行分类；括号图，表示整体与部分的关系可以表示分类；流程图说明事情发生的过程或顺序，既然是顺序，就要有先后，所以要加上箭头；复流程图分析事物的原因和结果，再次强调箭头很重要；桥状图创造和解释类推关联的作用，这个类比就比较倾向于有规律的逻辑，在数学方面可以广泛使用。

二、学生应用思维导图的好处

第一，建立知识网络结构，全面发展。在繁杂小学数学知识里，仅凭教师口头教学生听，那么学校的教学时光可能就是虚度时光。在素质教育的号召下，新课改明确要求学生全面发展，因此，要培养学生的思维能力应用思维导图是一个极佳的方法。在制作思维导图的过程中，学生逐渐培养自身合作学习的能力、知识整理归纳总结能力以及自主学习能力和创造力等，同时，无论是教师课堂教学制作思维导图，还是学生独立或者合作完成思维导图，学生都能通过思维导图将许多知识系统全面地展现出相关知识点，从中发现不足之处，进而学习提高。因此，无论是小学数学里的概念，还是问题解决或是收集整理错题和单元复习整理等应用思维导图，在很大程度上能帮助学生突破重难点，提高学习效率，同时，学生潜移默化地在头脑中建立起相应的知识网络结构，养成自主学习的习惯。

第二，培养数学思维，激发数学兴趣。思维导图是图形思维的表现，是形象的成果，在小学数学教学中，关于思维导图的应用，教师首先通过绘图、识图、用图、交流图等一系列的活动，帮助学生建立数形结合的思想，并培养其数学思想。所以，久而久之，对思维导图应用的练习，学生对数学问题解决有一定的数学思维，并在解决问题中获得成就感，因此激发起对数学的兴趣。

第三，营造积极活跃的课堂氛围。小学生本身思维比较活跃而且好动，若采取教师讲学生听的方式教学，在一定程度上抑制了学生的天性，导致课堂氛围枯燥低沉，学生的学习效果自然不言而喻。在这种情况下，教师可利用思维导图鼓励学生发言，充分调动学生的兴趣，从而活跃课堂。比如整理复习三角形的相关知识，教师可采取分组合作制作思维导图，以便总结三角形的知识，然后请各小组代表发言，各组成员可补充，同时加强评价。又快又完整的小组要给予表扬，质量不够好的作业给予鼓励，再接再厉。这样就将一节枯燥的复习课变为每位学生都积极参与，从而营造了一种积极学习的课堂氛围，提高学生的学习效果。

三、指导学生学会看图的方法

（一）通过教师教学示范，了解思维导图的类型、特征及作用

要想让学生"用得好"，首先要让学生"学得好"。这是知识输入与输出的关系。让学生知道思维导图是什么样的，都有哪些类型，分别有什么作用。通过教师的课堂示范，把这些信息传递给学生，建构起"知识输入"。例如在教学《长方形和正方形》时，教师通过引导学生回

答，得到结论是长方形与正方形既有相同点也有不同点，怎样能让学生清晰地区分呢？老师一改以往板书的形式，用双气泡图梳理两者的关系，将共同特征放在中间，不同特征放在各自一边。如下图，从图中不难理解到长方形与正方形的共同特征有 4 条直边，4 个直角，封闭图形；正方形四条边长都相等，长方形有长和宽，对边相等。这样的结构图形象清晰，增强了对比性，学生感兴趣！

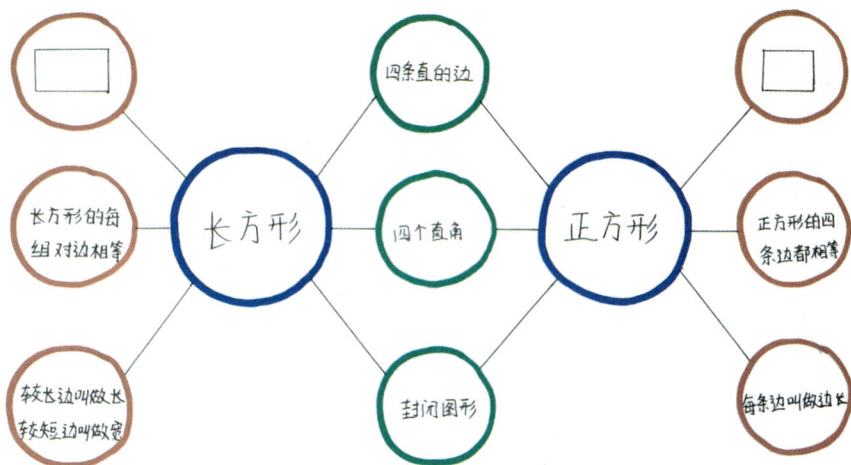

图 3-4　《长方形与正方形的特征对比双汽泡图》　（李红）

（二）学生自主探究，由点及面学会提取整合理解信息

众所周知，思维导图的构成最主要的就是图形、线条、关键词。当他们形成一张网状图时，到底传递了哪些信息和关系，怎样的顺序来识图呢？这需要教师引导学生探究和总结。不管哪一种形式的思维导图，它的构成基本上有三大块：中心图、大纲主干、内容分支；看懂思维导图的五个步骤：了解主题意向、明确整体构架、掌握分类层次、阅读内容细节、强调重点内容。但是各种图形又具备各自的特点，看懂图形，可以有不同的切入点，方向和层次，提取出相关信息，再进行整合，将简单的词语图形等要素进行加工，学生才能真正理解每幅图的真正含义。

1. 看图步骤清晰，打下思维建构的基础

中心发散型，例如下图属于要从中心向四周看，层级关系也比较清楚。

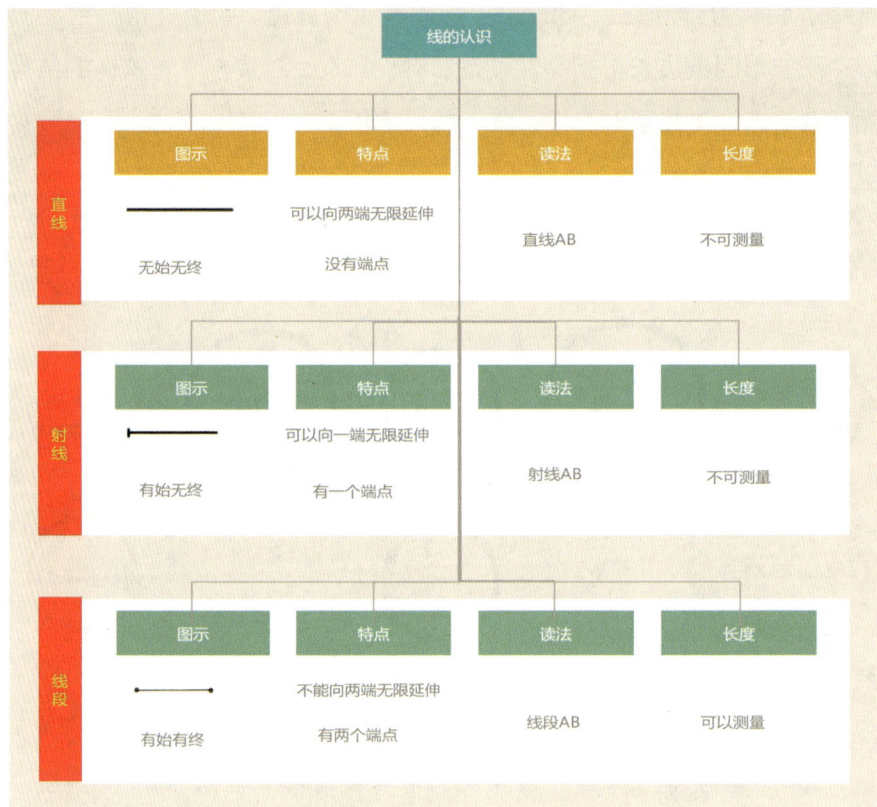

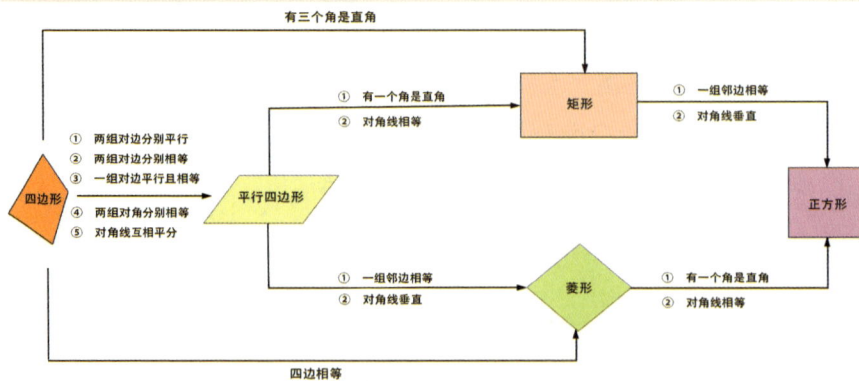

图 3-5　人教版数学四年级上册第三单元《直线、射线、线段》（李红）

《直线、射线、线段》思维导图

直线、射线和线段是一组比较抽象的图形，虽然在教学过程中，教师引导学生逐步探究并认识了这三个图形的特征，但是由于学生的认知特点及学习能力的强弱，也许有的学生对线段、直线和射线的认知是浅显的，零碎的。因此在教学过程中教师可组织学生对直线、射线和线段三个图形进行比较，让学生体会他们之间的区别和联系，并且用思维导图的方式进行系统整理与记录。这样由浅入深，由一般到特殊，学生很清晰的明白：线段是直线的一部分，有两个端点，长度是有限的，直线是无限的，没有端点。射线无限长，有一个端点。通过引导学生的动手操作，使学生进一步明确：所有连接两点的线中，线段最短；过一点可以画无数条直线和过两点只能画一条直线的性质。这样利用思维导图的梳理方式，既让学生总体感受了本节课的知识结构，加深学生对线段、直线和射线的理解，又促使了学生的深度思考，从而发展了学生高阶思维。

看图五个步骤，第一步了解主题意向，一张完整标准的思维导图，最醒目的就是中心图，中心图会让我们对整张思维导图的主题有一个较为清晰的认识；第二步，明确整体架构，一张逻辑清晰的思维导图得益于逻辑清晰的大纲主干，大纲主干之间的层次和逻辑关系，大纲主干和内容分支（也就是二级分支）之间的递进关系，在我们了解主题意向的基础上，要认真阅读所有大纲主干上的信息。第三步，掌握分类层次，阅读大纲主干后，详细阅读内容分支，也就是二级分支，因为二级分支与大纲主干的关系递进，是大纲主干的分类、分层的详细说明。第四步，阅读内容细节，这部分涉及三级分支和四级分支，是整张图细枝末节的信息，这些信息常常是可实践、可操作、需要强化记忆的内容，这部分也是我们实际绘图中最难归纳和总结的部分。第五步，强调重点内容，阅读完整思维导图之后，再次回顾重要信息，重点复习，加深记忆。

2. 识图方向多元，奠定理解的起点

流程图本身具有方向性，要顺着箭头所指的方向，一次了解程序，从起始到结束，整个过程就贯通起来了。从上往下或从左往右。

⑥除数是两位数的除法。

口算除法
a. 整十数除整十数: 80÷20=4
b. 两位数除两位数估算: 83÷20=4......3
c. 整十数除几十几百的数: 150÷50=3
d. 两位数除三位数估算: 122÷30=4......2

笔算除法
A. 商是一位数(除数是整十数) 整十数是两位数 92÷23=3......
整十数除三位数 78÷30=5......28
B. 商是一位数(除数接近整十数) 四舍法 商偏大
五入法 商偏小
C. 商是一位数(除数不接近整十数)
d. 商是两位数的竖算除法 450÷18=25

商的变化规律
a. 除数不变,被除数乘(除)几,商也象(扩大)几倍
b. 被除数不变,除数乘(除以)几,商反而除以(乘)几
c. 被除数和除数同时乘一个相同的数,商不变

图 3-6　人教版数学四年级上册第六单元《除数是两位数的除法》（马娟）

《除数是两位数的除法》知识树设计说明

《除数是两位数的除法》是人教版数学四年级上册第六单元的知识。本单元的知识错综复杂，因此，引导学生梳理出整个单元的知识逻辑线，培养学生理解除法算式运算的一致性，即除法是乘法的逆运算，是计数单位的累加或者递减。理解了除法运算的本质知识，本单元知识的逻辑关系便一清二楚。

本单元除法分为口算除法、笔算除法和商的变化规律。

首先，口算除法分为：1. 整十数除以整十数的口算，有两种方法，一是想乘法算除法，二是借助表内除法；2. 两位数除以两位数的估算，是借助估算的方法，将除数看做整十数；3. 三位数除以两位数的估算，是借助估算的方法，将除数看做几百几十数或者整十数。

其次，笔算除法分为商是一位数和商是两位数的除法，商是一位数需要将除数看做整十数进行试商，商是两位数也是一样，体现了知识的迁移学习。

最后，商的变化规律分为商的变化规律和商不变的规律，被除数和除数如何变化，才导致商的变化有什么规律，被除数和除数如何变化，才导致商不变。

从本单元的学习中，我们可以体会到，不管是除法还是乘法，其意义与知识本质是不变的，都是计数单位的累加与递减，要想熟练掌握本单元知识，就需要深挖计算和规律背后的道理，这样才能提高计算效率，并且符合新课标提倡的核心素养。

树形图大多是从下往上，也有个别从上往下。括号图通常从左往右，或从下往上。有一些比较复杂的图形，方向也会错综复杂，只要借助箭头、分支等把关系理清楚，自然会使学生理解图意。熟练地掌握观察图的方式，会使学生快速切入到不同图形的主题中，可以为学生看懂思维导图做好铺垫，省时省力。

3. 准确捕捉信息，获得思维加工材料

一般来说，学生阅读或者看图提取信息，通过快速阅读区分有用无用和重要信息，重要信息勾画出来。但是思维导图本身就已经很简单化，所以学生用直接观察法，了解到主题、分支、关键词即可。一是自主看图提取建立信息积累意识。自主看图体现学生的主观意愿。教师不仅要给学生提供更多自主看图的条件，而且要交给他们更多阅读信息，提取方法，促使学生自觉形成信息积累意识。给学生设定看图任务时，要厘清主题，分为几个部分，每个部分有几级分支，每个分支的关键词是什么，关键图片是什么。二是互助看图，整合信息分类储备。教师需要作出理性设计，以提升学生的信息搜集能力。让学生从不同的角度，不同的方向进行归纳总结，给学生提供更多思考的机会。学生自觉以小组形式提取信息，但学生识图呈现差异性，让学生合作学习，其目标就是比较明确的，让学生有个全面认识。集体提取信息会更全面，这样对提升学生的信息提取能力，有一定的帮助。

4. 整合加工素材，促使深度理解

教师要给学生更多信息提取的指导，让学生顺利进入知识本质，通过对文本阅读进行信息的全面整合，确定思维的切入点，确保顺利推进，学生在整合中掌握提取的技巧。看懂思维导图我们可以看作是类似一般的学习过程，可以使一个信息转化的过程收集信息、筛选信息、处理信息得出结论。处理信息的一般方法有分类整理法、试验验证法、相互交流法、探讨分析法。这里看到的是数学知识的思维导图，那么我想小学生更多的是要依靠借助关键词，按分支层级图片提示适当地进行联想推理，将图形化的东西，在脑中形成文字，对整个思维导图所表达的意思，从局部到整体，有一个内化的过程。对学生的认知能力的不同，大家虽然提供的信息是一样的，但处理信息的能力有着千差万别，所以依靠讨论和分析，同学们会对思维导图的本质内容有更全面，更深入的了解。

学生用数学的眼光，通过对现实世界中基本数量关系与空间形式的观察，能够直观理解所学的数学知识及其现实背景，通过对思维导图的观察，他们能够发现基本的数学研究对象及其所表达的数值，简单的联系与总结规律，能够提出有意义的数学问题，进行数学问题探究，逐步养成从数学角度观察现实世界的意识与习惯，发展好奇心、想象力和创新意识，从而促进核心素养的培育。

第二节　培养学生绘制思维导图的方法

我们认为思维导图是一种可以很好的帮助孩子们厘清思路、认识事物的特征和关系的工具。所以我们用思维导图的方式进行授课，不仅让学生学会看图，也要教学生们自己绘制思维导图。通过看图所了解到的思维导图的构成、类型、特征等为孩子们在学习数学中绘制思维导图奠定了基础。

一、学生绘制思维导图的益处

（一）思维力得到发展

小学生学思维导图，可以进一步打开思维。思维导图具有发散性，所以可以让孩子更好的进行联想，从而进一步开阔孩子的思维。小学数学思维导图增强使用者的立体思维能力（包括思维的层次性与联想性）

绘制思维导图，能让运用者的创意力、理解力、记忆力发挥的特别好。绘制思维导图，让学生自己学会预习，学会用思维导图探究，学会复习当中使用思维导图，学校的学习就变成了连续的三部曲，学生和老师的压力都会减轻，使学习更具特性化，思维导图让学习的成果得以呈现和保存。

（二）记忆力得到提升

绘制思维导图能进一步提升孩子的记忆力。大家都知道，思维导图拥有丰富的色彩和图像，这些色彩和图像会更容易让我们记住。因此当孩子的大脑习惯这种记忆模式后，会大大提升孩子的记忆能力。小学数学思维导图能够增强使用者充分利用右脑超强记忆的能力，思维导图拥有丰富的色彩和图像，这些色彩和图像会更容易让孩子记住。因此当孩子的大脑习惯这种记忆模式后，会大大提升孩子的记忆能力。

（三）效率得到提高

利用绘制思维导图进行学习，可以成倍提高学习效果，增强理解和记忆力。思维导图还极大的激发学生的右脑，因为我们在创作导图的时候还运用到颜色、形态和想象力。依据科学探究发掘人的大脑是两部分组成。左大脑，负责逻辑、词汇、数字，右大脑负责抽象思维和想象力。所以，图像的运用加深，我们的记忆可以把关键字和颜色图案联系起来，这样就运用了我们的视觉感官。

（四）思维得到聚焦

学生把主要精力集中在关键点上。在绘制思维导图的过程中，学生不需要太多的时间，把那些无关紧要的内容省下了珍贵的学习时间，关键点之间的连接线，会引导学生进行主动的思索，快速系统的整合知识要点，开展创新思维的拓展训练。

（五）意图得到表达

思维导图具有极大的可伸缩性，它顺应了我们大脑的自然思维模式，从而可以使我们的主观意图自然地在图上表达出来。他能够将新旧学问结合起来学习，是一个由浅入深的过程。在这个过程中，将新旧知识原本结合起来是一件很重要的事，因为人总是在已有学问的基础上学习新的学问，学习新学问，要把新学问与原有的认知基础结合起来，变更原有认知结构。

二、指导小学生绘制思维导图的途径

在小学数学教学中，教师应该从以下几个方面指导学生绘制思维导图。

（一）不同学段的学生选择不同的类型

因为小学生年龄跨度大，认知能力各有不同。小学生的认知发展随其年龄和经验的增长而不断的发生变化的过程。学生的有意注意或无意注意，在不同年龄阶段具有不同的发展特点，小学低年级的学生无意注意相当成熟，他们无意注意占主导地位，并且常有很强的情绪色彩，引起小学低年级的学生无意注意的条件，主要是教学的直观性、形象性，就是所创设的教学环境等外部原因。因此我们在低段教学中，通常使用八大图中比较简单的几种：圆圈图、气泡图、树形图等，能大体分类即可。同时会指导学生用鲜艳的颜色，使用可以运用的数学图形。因此低段学生的思维导图通常是色彩鲜艳、形象活泼、思维框架简单。例如下图二年级学生在学习了乘法后，绘制的6×6的思维导图。这幅图用一朵小花的外形来表达对"6×6"的理解；小花朵外形其实属于气泡图的变形，构图简单，颜色鲜艳但都是低年级学生喜闻乐见的。几大分支包括了：意义是"6个6相加"，用点子图表达"6×6"的含义，提炼的口诀是"六六三十六"，计算的方法还可以是"5×6+6"，由线段图表示样子，拓展得数相同的算式"3×8+12"等。一个二年级的学生，能用这样的图形来学习，体现了"数形结合"的数学学习方法，已经说明他对"6×6"认识的全面性和深刻性。

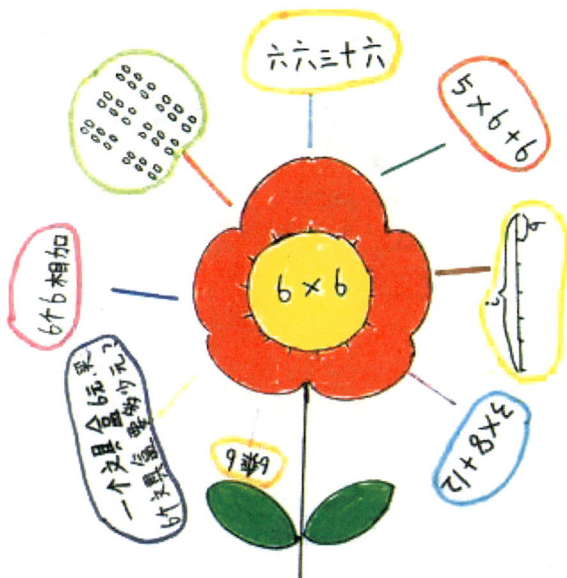

图 3-7　人教版数学二年级上册第四单元《乘法口诀》（学生供图）

到了小学高年级，伴随着年龄的增长，大脑的逐渐成熟，教学任务的不断提高，学生的无意注意从外界刺激引起，逐步向内部兴趣过渡，同时表现为他们逐步能够理解自己的学习责任和社会任务，尤其是懂得了自主的学习。这个阶段属于皮亚杰的具体运算思维阶段，整个小学时期儿童的思维逐步过渡到以抽象逻辑思维为主要形式，但仍带有很大的具体性，从具体形象思维向逻辑思维的过渡中，不同的思维对象，不同的学生，存在着发展的不平衡。因此我们在高段教学中，通常使用八大图中比较复杂的几种：如双气泡图，树形图、括号图、流程图、桥型图，甚至是比较复杂的东尼博赞型的脑图。同时开始逐渐形成分类思想、从属关系等，侧重点从简单有趣逐渐过渡到思维的层次上来，逐渐

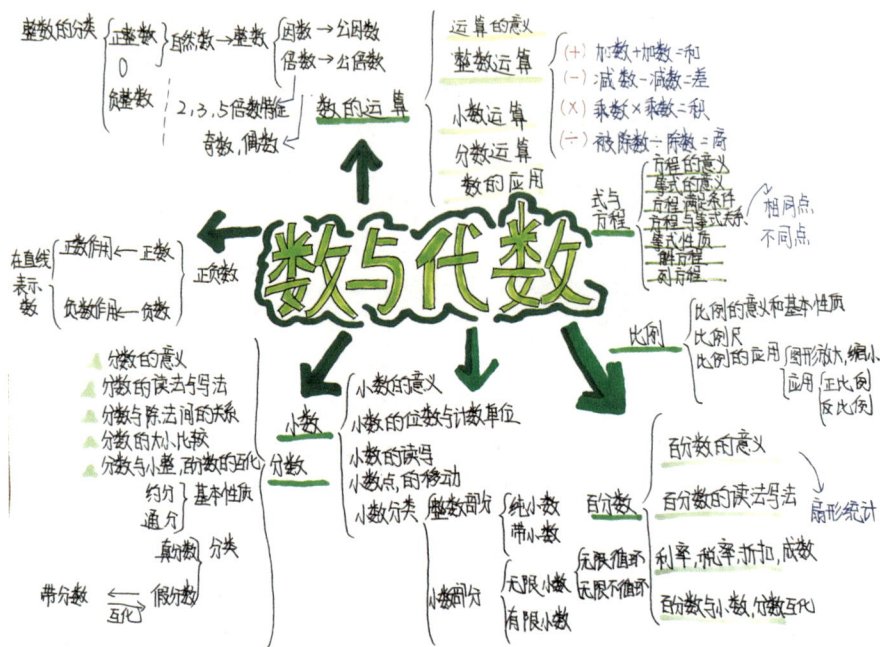

图 3-8　人教版数学六年级下册第六单元《数与代数》（学生供图）

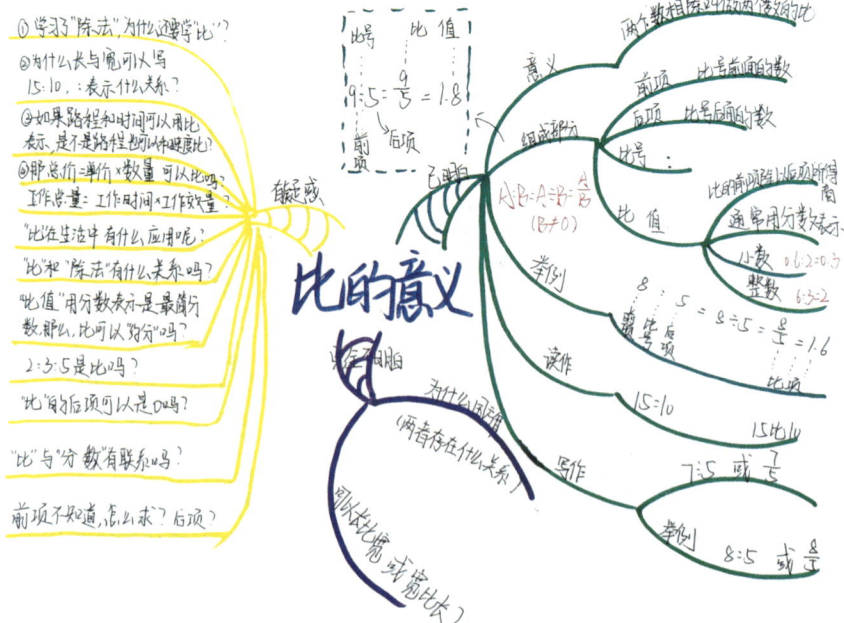

图 3-9　人教版数学六年级上册第四单元《比的意义》（学生供图）

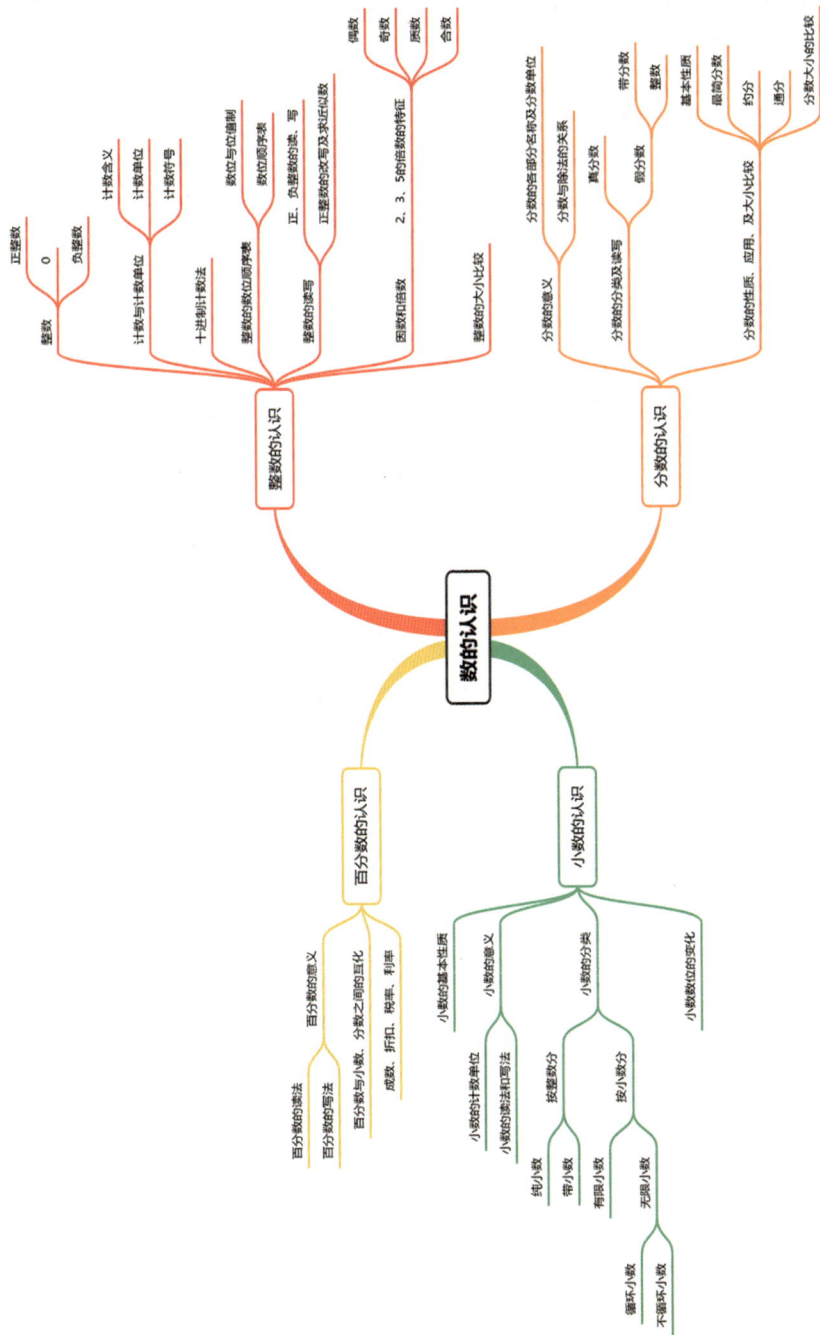

图 3-10　人教版数学六年级下册第六单元《数的认识》(学生供图)

《数的认识》思维导图设计意图

　　我们生活中处处有数，从一年级开始就进行数的认识。数的认识包括整数的认识，小数的认识，分数的认识和百分数的认识。因此，在进行《数的认识》的思维导图梳理时，我设计了四个分支。

　　关于整数的认识，学习的知识点很多，有整数，整数又包括正整数，0 和负整数。还有计数与计数单位，十进制计数法、整数的数位顺序表，整数的读写，因数和倍数、整数的大小比较等知识。在进行整数的认识基础之上，我们又认识了小数、分数以及百分数。在认识小数、分数和百分数的时候，都注重对各种数的意义的理解，性质的理解与应用等，体现了知识的进阶性与一致性。

看到知识的系统性。例如学生在学习长方体与正方体时，绘制"长方体与正方体"的思维导图。从图的类型来看是一个以双气泡图为基本型，又拓展了 1~2 个层级的内容。在图中下方学生重点体现了长方体与正方体的共同点，包括点线面的特点；左边部分主要说明了长方体的棱长、体积、特性、表面积，下一层级是相关的公式；右边是正方形相应的各方面的知识。上面和右下适当的拓展了一些知识。不难看出，这幅图的构成比低年级复杂的多，内容比低年级丰富，层级关系也更加丰富。但

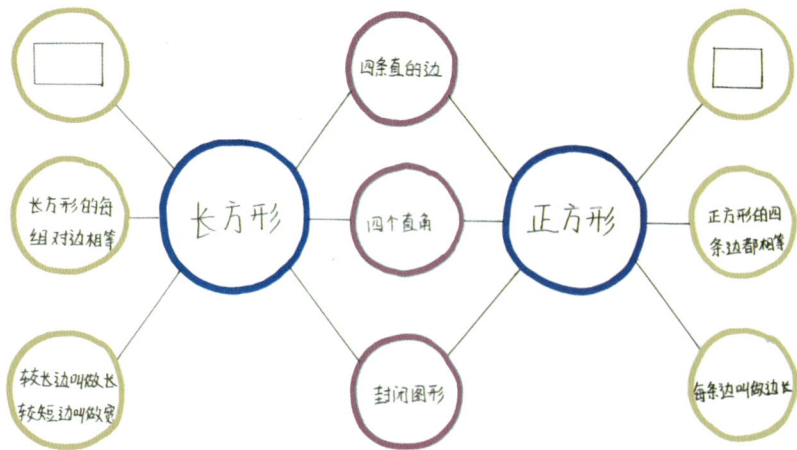

图 3-11 《长方形与正方形的特征对比双汽泡图》 （李红）

无论低年级还是高年级，他们的图都有趣味性、直观性，学生有兴趣投入其中，绘制思维导图的过程都使学生思维能力进一步得到提升。

（二）学习的不同阶段教师辅助不同

学习兴趣是促使儿童学习的重要推力，儿童最初对学习的过程、学习的外部活动更感兴趣，以后对学习的内容、需要独立思考的任务更感兴趣。本着由易到难，循序渐进的原则，我们建议在不同的阶段老师指导学生采用不同的要求。

在前期阶段，老师们会提供一个思维导图的大致框架，然后引导学生们自己去填空，将思维导图补充完整。例如《认识四边形》，见图3-12。

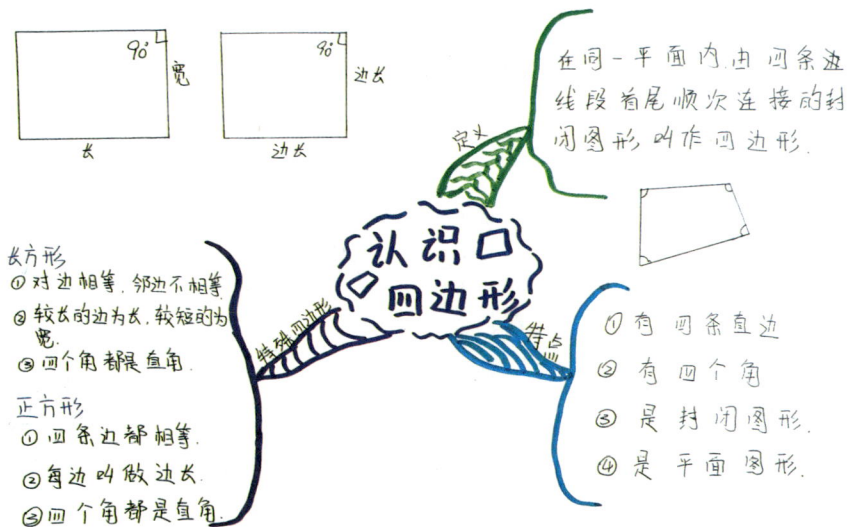

图3-12　人教版数学三年级上册第七单元《认识四边形》（学生供图）

在中期阶段，一般是由老师给学生提供几个关键词，然后帮助学生建构与主题相关的大致框架，再让学生们自己动手绘制。

当学生们绘制熟练之后，后期要做的就是让学生们根据学习内容自己发挥想象来进行创作，让学生利用不同表达形式（如不同颜色、粗细

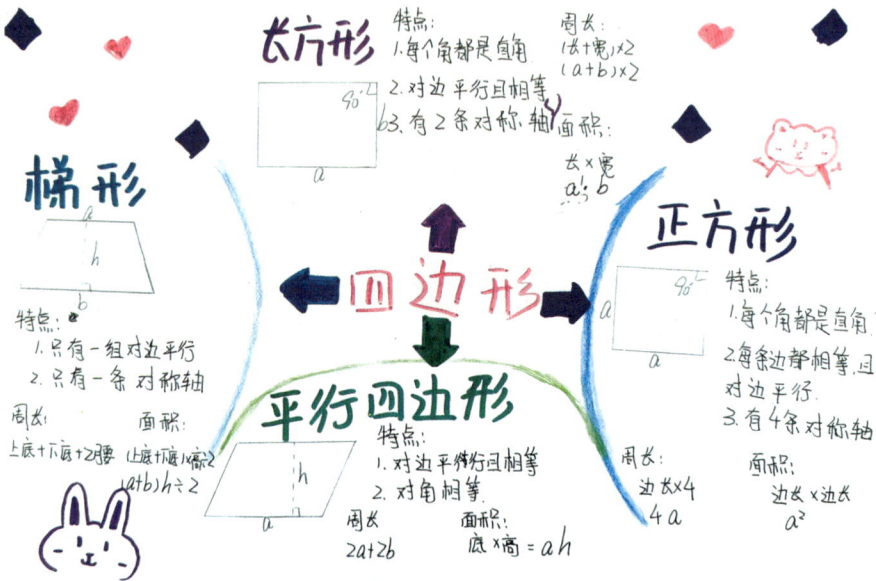

图 3-13　人教版数学三年级上册第七单元《认识四边形》（学生供图）

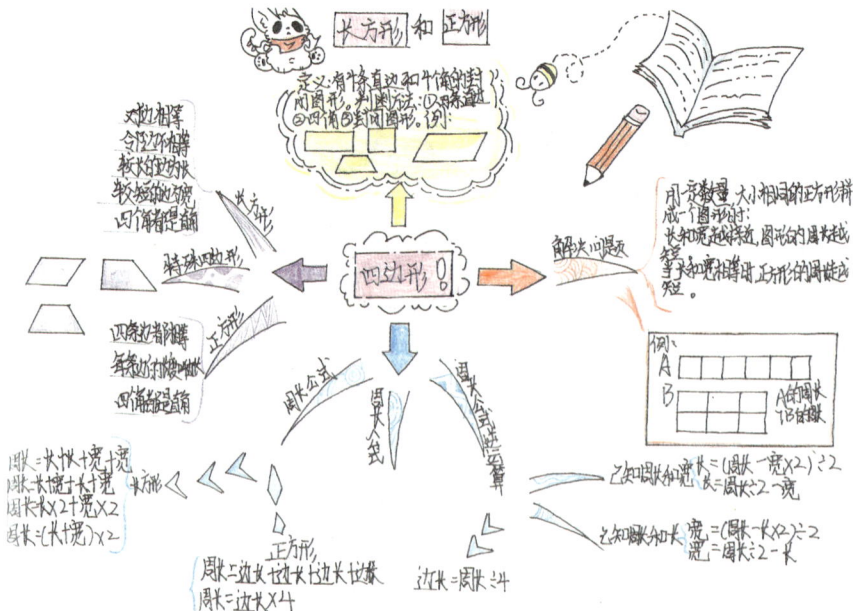

图 3-14　人教版数学三年级上册第七单元《认识四边形》（学生供图）

线条、虚实线条等)，显示概念间不同的层次及关系，鼓励学生互相比较、合作绘制出新的思维导图。

(三) 学生绘制思维导图过程中的几个关键步骤

1. 原始信息的重组

首先要对原始信息按规律重组。通过分类或归类，使分散的信息趋于集中，零碎的信息组成系统，杂乱的信息构成条理，从而使需要记忆的信息更加趋于系统化、条理化、概括化，这便于记忆。

2. 归纳和分类处理信息

其要点是善于分析与综合，通过表面现象找出简化后的内部关系。比如包含关系、并列关系、递进关系，等等。这种方法的运用就已经将所得信息层级关系理出来，为画图打下基础，可以事半功倍。

3. 处理关系生成为图表

思维导图的优点众多，最为凸显的就是集辐射思维和集中思维

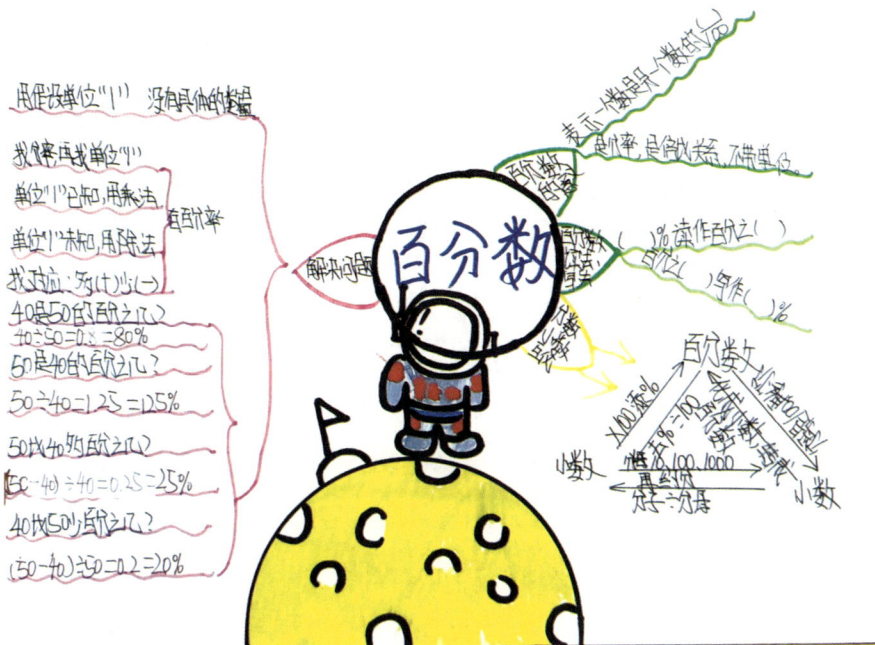

图 3–15　人教版数学六年级下册第六单元《百分数的认识》（学生供图）

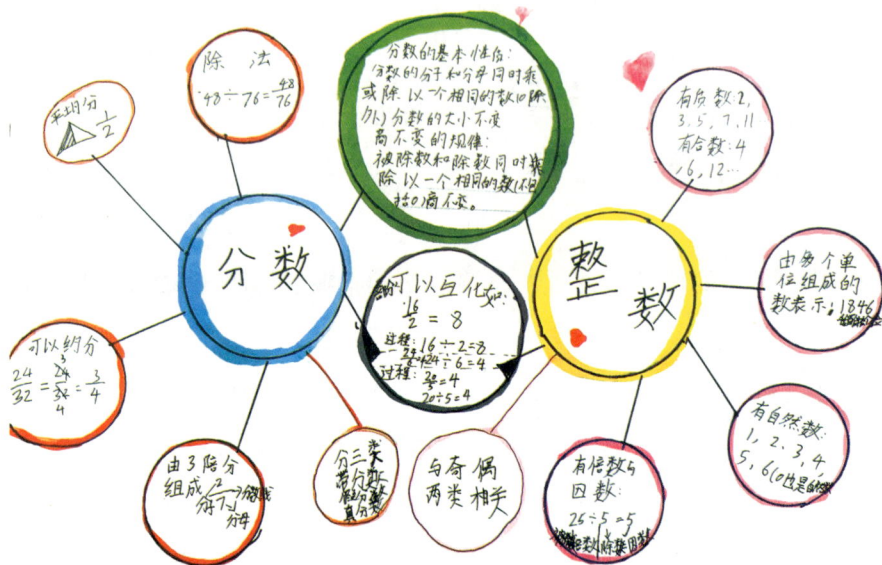

图 3-16　人教版数学六年级下册第六单元《分数和整数的对比》（学生供图）

于一体，使人节时省力中把握住了内容的整体和各部分事物以及其间的有机联系，十分便于记忆，还能将印象深烙于脑中，通过有序的联想，转变为图像，让记忆更加深刻，不易遗忘。就像画画需要技巧一样，绘制思维导图也有一些自己独特的技巧要求。不同图形有不同的下笔起始点，下面以东尼博赞的脑图为例，列出的只是最为基本的几点，其他的同理。第一步，在纸的中心，画出能够代表你心目中的主体形象的中心图像，写上数学知识主题。第二步，围绕数学知识主题，根据知识归纳总结出的分类板块，从图形中心开始，画一些相应的向四周放射出来的粗线条。每一条线都使用不同的颜色。第三步，在每一个分枝上，用大号的字清楚地标上关键词。同时需要数学图形的可以画出图形。第四步，要善于运用想象力，改进思维导图。这里指数学知识之间的联系和拓展，可以再发散增加和完善。

图 3-17　人教版数学五年级下册第二单元《因数和倍数》（学生共图）

比例

完全不明白 ✗

①为什么判断比例是依于展比例的基本性质?比的基本性质不行吗?

②意义里"两个比相等"指的是什么?

已明白! ✓

意义:表示两个比相等的式子叫做比例.

如何组成:

四个数:叫做比例的项

内项:中间的两项

外项:两端的两项

如:

$$a:b=c:d$$

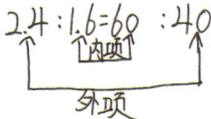

2.4 : 1.6 = 60 : 40

内项

外项

有疑问?

①比例和"除法"有什么关系吗?

②$\frac{3}{5}=\frac{9}{15}$ 这是比例吗?

③正,反比例的图像是怎样的?

④怎么判断两个比能否成比例?

⑤图像可以解决问题吗?

⑥成正,反比例条件有哪些?

图 3-18 人教版数学六年级下册第四单元《比例》 (学生供图)

学生自行绘制思维导图的过程，就是自发性的对于教学内容和知识点进行回忆、再现的过程，这种回忆和再现相对于教师的一次次强调来说，给予学生的印象是更加深刻的。例如，教师只给学生一个"关键词"就是"三角形"，让学生合上书本，自主性的在绘制关于三角形的知识思维导图，很多学生都会自发的梳理脑海中的知识点，如定义、判定、性质等信息不断涌入脑海中，再下笔形成图画、文字。这就完成了深度学习中"领会""分析"的目标。同时，在绘制过程中，学生能够对于自身掌握知识点的情况进行更为明确的梳理，当发现思维导图上存在空白的时候，也就说明学生自身在这一方面存在问题，这样复习活动就更加有的放矢、节省时间和精力。

通过绘制思维导图，整理学习的课本内容，手绘有自己风格的思维导图，学习思维发散，联想学过的知识内容，增强学生发散思维能力，记忆力和创造力，让学生实现自己思维模式的创新，提升孩子的逻辑思维能力和记忆力，具有创新创造性思维，绘画绘制个性化思维导图，实现能力的提高。

数学为人们提供了一种理解与解读现实世界的思考方式，通过数学的思维可以揭示客观事物的本质属性，建立数学对象，构建数学与现实世界之间的逻辑关系，能够根据已知事实和原理，合乎逻辑地推出结论，构建数学的逻辑体系。合乎逻辑的思维品质，培养科学态度与理性精神。

第三节　培养学生运用思维导图的方法

思维导图既然是一种工具，那么应该有其使用的时间、地点、时机。从思维导图的定义和性质可以看出，由于思维导图是描述思维活动的工具，从它的图形状态可以直观看到思维活动特点，显而易见它是用来研究思维活动的。教育教学中要使用，也要在符合条件和范围的情况下使用，适当、恰当使用。凡事过犹不及，思维导图使用不到位或过分使用都有可能带来危害，比如搞乱主题关系，搞乱隶属关系，搞乱层级关系等，给学生认识世界，理解知识造成障碍，进而影响学习数学的效果。

一、学生使用思维导图应注意的几个问题

（一）适时使用

就是指学生学习数学时什么时间用，在怎样的需求下使用。我们都知道思维导图相对适用于较为复杂的思维过程和成果。思维导图都能够描述并且呈现十分复杂的结构层次关系和重点词语等特点。在小学数学学习中适用于学习活动前、学习活动中、学习活动后。学习活

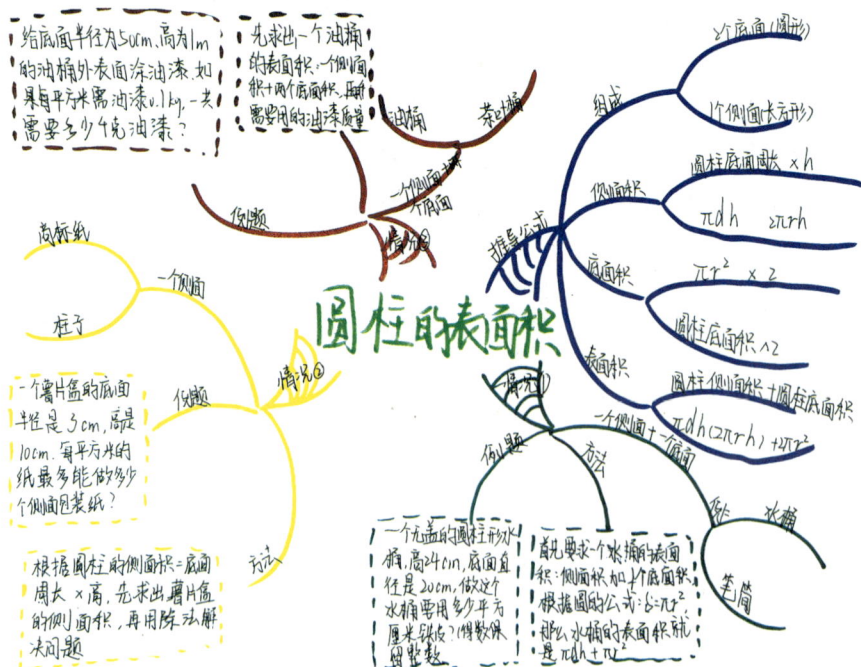

图 3-19　人教版数学六年级下册第三单元《圆柱的表面积》（学生供图）

动前，学习活动叫作预习，学习活动中主要是探究过程中，学习活动后叫作复习。运用线条图文并重的技巧，把各级主题之间的关系互相用，相互并列，隶属于相关的层级图形表现出来，把主题、关键词与图像颜色等建立起记忆链接，让人一看就明白知识体系，重点关系，进而清楚而牢固地掌握它们。不论课前、课中、还是课后都是在学习需要时出现。

（二）适量使用

就是指学生学习数学时用多少思维导图的问题，是全程使用还是选择性使用，一定要处理好关系。既不能贴"标签"似的从头到尾全部是图，所谓"深度使用"也就是过分使用，让学生的精力过多地集中在"读图、制图、用图"的过程中，不符合数学学习的全面性、逻辑性、严谨性，不利于数学思维的形成。同时也不能出现在"一图告天下"的有利时机而没有出现图，取而代之的是一大段描述性文字，对于学生来说在阅读、聆听的同时还要经过"深加工"，分出主题、层次、逻辑关系等，反倒对学生思维品质的形成不利。所以说两个极端做法都不恰当，适当使用"一幅图"足够，不当使用"满堂图"混乱。因此，教学中思维导图的量不受限定，也是"应需而生"。

（三）适群使用

是面向什么样的对象使用。适用于一定条件下的人群，这种人群必须具有一定的理性思维能力。换句话说，理性思维成熟的人才能够使用思维导图，反之，思维没有达到一定程度，不能或者无法使用思维导图。比如小学生思维特点是形象、直观、碎片化，如果不加选择的推广使用，其结果只能摧毁孩子们幼小的心智，使他们本来就不够成熟的心智带来问题。所以小学生可以面向同伴、面向老师、面向家长，做深入沟通时使用。

二、合理使用思维导图辅助学习的几种方法

我们说在小学数学的学习中，思维导图可以用在课前预习、课堂探究和课后整理复习中。在具体使用中还需注意方法，才能达到"以说截图，以图促思，以思成说"的目的。

（一）用在提出想法

用思维导图提供信息简化与思维导图。当学生需要处理复杂的细节和复杂的思想时，这就极为方便了。学生们会更易于说服别人，让大家了解并认可他的想法。

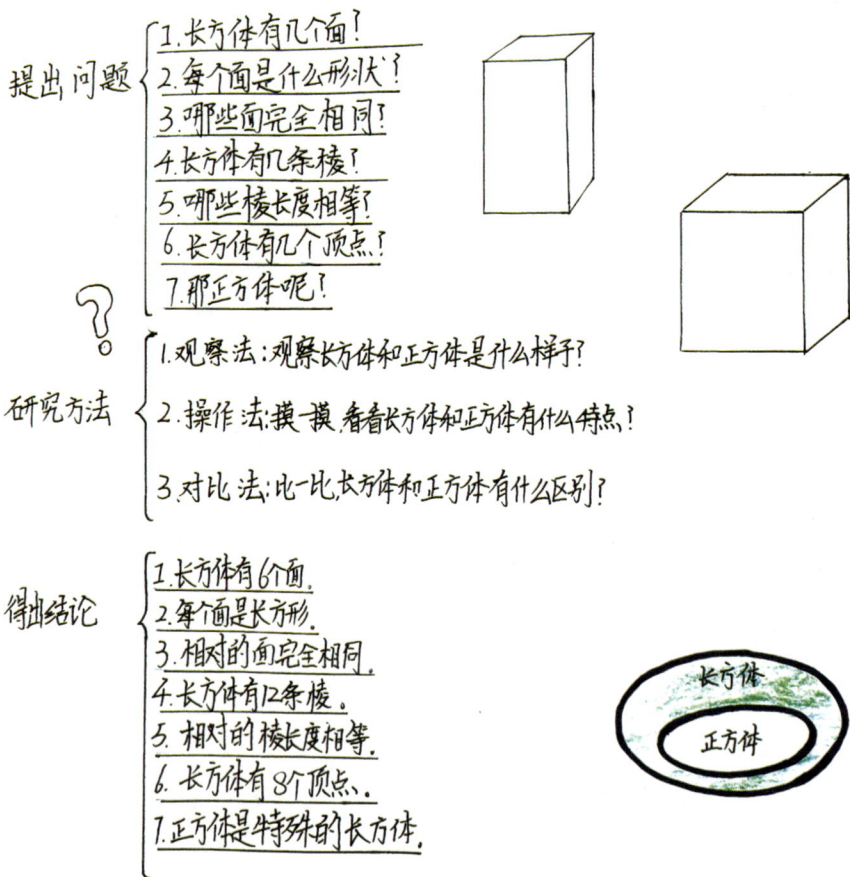

图 3-20　人教版数学五年级下册第三单元《长方体和正方体的认识》（学生供图）

（二）用在思维碰撞

在这一基础上，在某一知识点上掌握得比较牢的学生就能够帮助学习能力较差的学生，这样不仅能够提升学生的表达能力、合作精神，更是可以使得思维导图进一步完善，更好地指导学生后期的

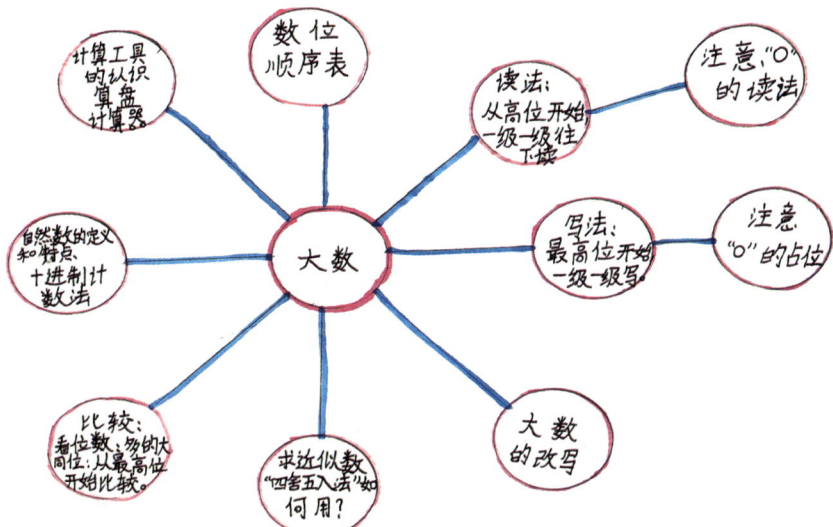

图 3-21　人教版数学四年级上册第一单元《大数的认识》（学生供图）

《大数的认识》气泡图设计说明

大数的认识是人教版数学四年级上册第一单元的知识。

气泡图用于描述大数的一些特征或者功能，学生通过描述大数的特征或者特性来深刻认识大数。

首先描述大数的产生来自于数位顺序表，从数位顺序表中可以认识大数。整数来自于顺位顺序表，大数是整数，当然也需要在数位顺序表中来认识，这里体现了数的计数单位的一致性。

其次从大数的读法和写法、改写、近似数等应用中也可以认识大数，从最高位读起（从最高位写起），其与数位顺序表有着密切的联系，生活中的大数需要简便改写，如何求大数的近似数、如何对大数进行比较，通过这些可以体现出来。

最后通过与生活实际的联系来认识大数，大数的计数法是十进制计数法，不能计算的数借助计算器来帮助计算。

大数的认识整个单元是与数有关，通过气泡图可以将其特征进行说明与描述，引导学生对大数的理解更加深刻。

复习活动。

（三）用在交流展示

在绘制完毕之后，小组的组员还要针对思维导图进行识别、讨论和分析、反思，学生要一一对于导图提出问题，并且集中讨论、重新绘制。

（四）用在创新作业

除了自发绘制思维导图之外，教师根据思维导图的内容，还可以给学生布置一些配套性的作业，让学生就某一知识点，进行扩展、再现，从解开习题的角度来进行知识点的再现。这种方式能够检验学生在进行复习活动中是否真正活学活用，真正理解教学内容的内在联系，有助于学生加深印象，提升思维水平。

（五）多维模块引发思考

思维导图在教师在进行教学的过程中，要为学生准备思维逻辑清晰的思维导图，并且在几轮复习活动中不断进行逻辑变化、优化导图，这对于教师来说是一个比较繁重的工作。未来，思维导图的使用应当从小学低段数学学习开始不断进行渗透，并且要将导图的制作交给学生，这样能够使得学生的学习思维得到更好的锻炼。

（六）用在优化知识结构

教师在新课改背景下，有必要关注小学生自主学习能力和创新能力的培养，利用思维导图进行优化知识结构。在教学过程中，教师要充分意识到学生在课堂中的主体地位，要作为一个合格的课堂引导者，帮助学生厘清学习思路的同时，有意识地利用思维导图对学生知识结构进行优化，能够加深学生的记忆理解力，长期下去提高学生思维外显能力。

（七）用在学习关键时刻

教师完全可以让学生们利用思维导图，梳理单元中的得失，尤其是存在问题的部分，从而构建出属于自己的错题集。这样不仅可以把错题

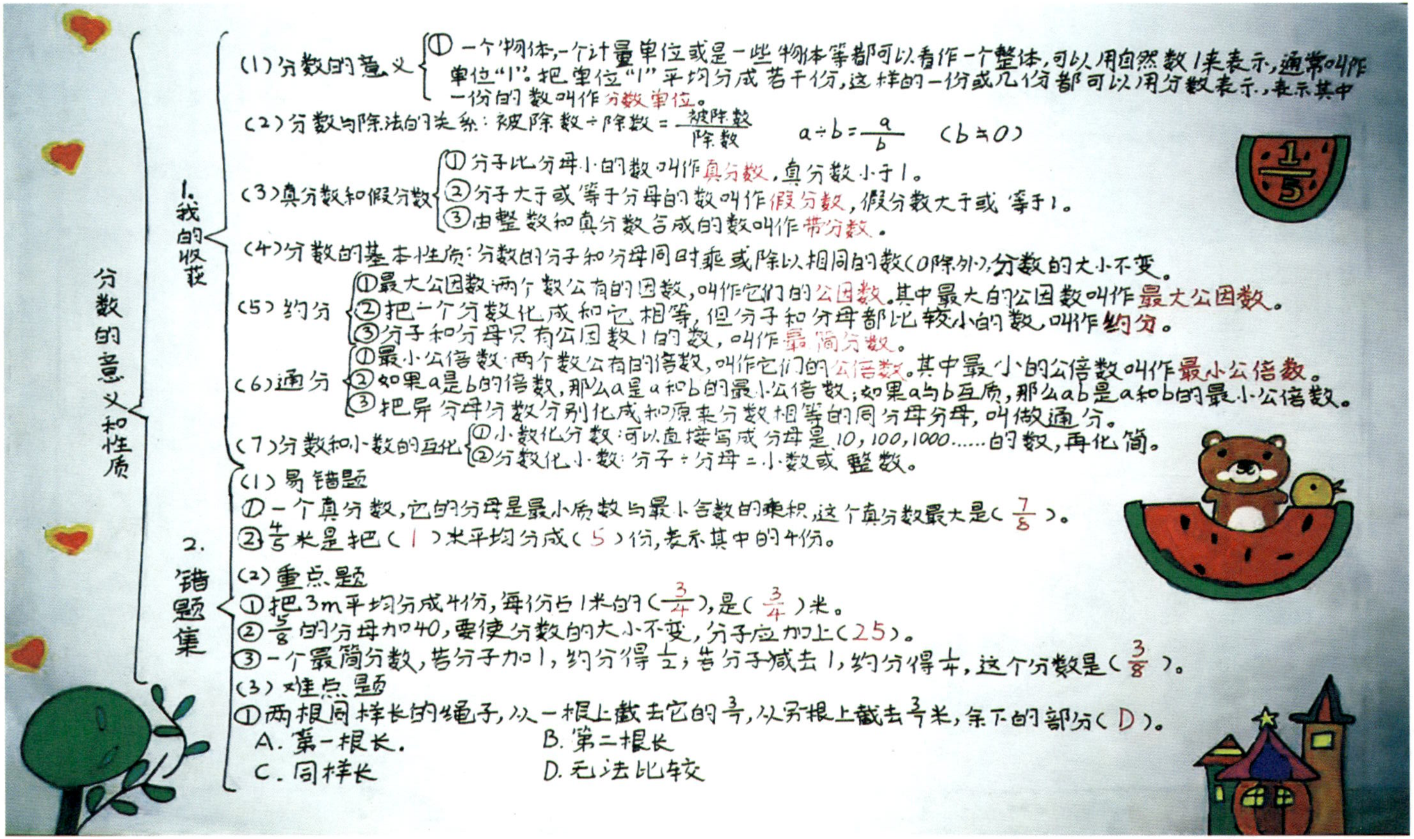

分数的意义和性质

1. 我的收获

（1）分数的意义　一个物体、一计量单位或是一些物体等都可以看作一个整体，可以用自然数1表示，通常把一个整体平均分成若干份，这样的一份或几份都可以用分数来表示，表示其中一份的数叫作分数单位。

（2）分数与除法的关系：被除数÷除数 = $\dfrac{\text{被除数}}{\text{除数}}$ 即 $a \div b = \dfrac{a}{b}$ （$b \neq 0$）

（3）真分数和假分数
①分子比分母小的数叫作真分数，真分数小于1。
②分子大于或等于分母的数叫作假分数，假分数大于或等于1。
③由整数和真分数合成的数叫作带分数。

（4）一个数的基本性质：分数的分子和分母同时乘或除以相同的数（0除外），分数的大小不变。

（5）约分
①最大公因数：几个数公有的因数，叫作它们的公因数，其中最大的公因数叫作最大公因数。
②把一个分数化成和它相等，但分子和分母都比较小的分数，叫作约分。
③分子和分母是互质数的分数，叫作最简分数。

（6）通分
①最小公倍数：几个数公有的倍数，叫作这几个数的公倍数，其中最小的公倍数叫作最小公倍数。
②如果a是b的倍数，那么a是a和b的最大公因数，b是a和b的最小公倍数。
③把异分母分数分别化成和原来分数相等的同分母分数，叫作通分。

（7）分数和小数的互化
①分数化成小数：用分子除以分母。（除不尽时，按要求保留几位小数。）
②小数化成分数：小数化成分母是10,100,1000……的数，再化简。

2. 错题集

（1）易错题
①一个真分数，它的分子与最小质数的和是最小合数的和，这个真分数最大是（ $\dfrac{7}{8}$ ）。

（2）重点题
①把3m平均分成4份，每份占1米的（ $\dfrac{3}{4}$ ），是（ $\dfrac{3}{4}$ ）米。
②$\dfrac{5}{8}$的分母加上40，要使分数的大小不变，分子应加上（25）。
③一个最简分数，若分子加1，约分可得 $\dfrac{1}{2}$，若分母减去1，约分可得（ $\dfrac{3}{8}$ ）。

（3）×难题
①两根同样长的绳子，一根用去 $\dfrac{3}{4}$，另一根上截去 $\dfrac{3}{4}$ 米，剩下的部分为（ D ）。
A. 第一根长　　B. 第二根长
C. 同样长　　　D. 无法比较

图3-22　人教版数学五年级下册第四单元《分数的意义和性质》　（学生供图）

集进行精简，同时也在很大程度上节省了学生们对错题整理的时间。在学习重难点中，利用思维导图进行突破，可以让学生对思维外显的能力逐渐掌握得更自然，因为在这个过程中，不仅可以加深小学生的理解记忆能力，同时也会让他们思索出更多新的思维方式，从而加深他们对思维外显能力的进一步深化理解。

（八）用在分工合作安排

绘制思维导图之前要从整体上把握项目内容，活动主持人根据项目计划、时间安排、人员分配等内容梳理出分工合作的框架，让每个参与者建立关于活动的全局概念，并将之作为后续研究的依据。

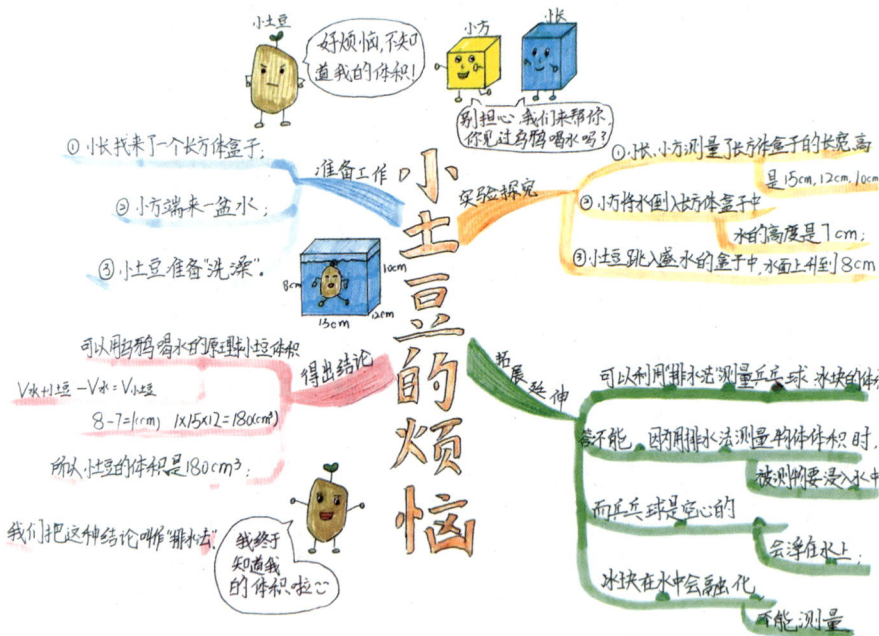

图 3-23 《小土豆的烦恼》 （学生供图）

（九）用在活动方案策划

合理分配绘制流程思维图，创新创业项目需要对时间、实施步骤、工作量等进行合理分配，这边涉及项目流程思维图的绘制，一般分为三个阶段，形成阶段、实施阶段、总结阶段，每个阶段都有明确的时间安排及具体的任务要求，参与者要根据自己工作内容，在相应的时段内完成指定任务，通过流程思维导图，项目参与者可以全面了解实施周期和周期所要经历的时段，这有助于提升项目参与者的责任。

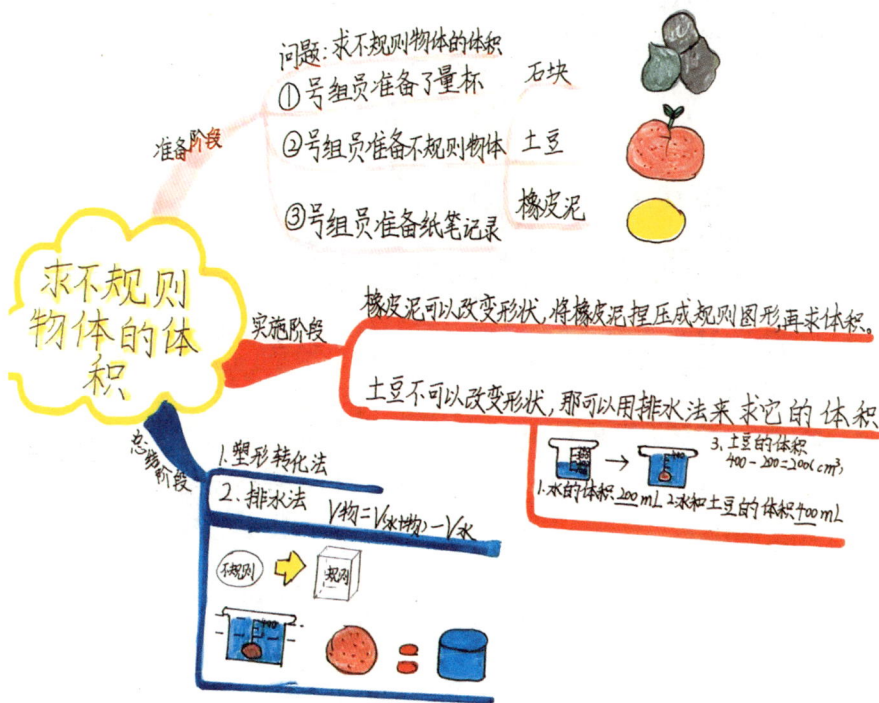

图 3-24　人教版数学五年级下册第三单元《求不规则物体的体积》（学生供图）

（十）用在创新思维呈现

可以利用思维导图进行头脑风暴，整理各自的思路，把解决问题的相关信息和需要注意的问题用思维导图的方式记录下来，用这种方法进行知识整理，会带来意想不到的效果，得到十分丰富的知识信息，可能包含一些隐性知识，还能发现其中的不足和缺点，及时进行查漏补缺，同时也可以汇聚众人的思想观点，经验和智慧，形成关于解决问题的信息资源库，此时的思维导图相当于一种思维笔记，可以根据思维推进，不断进行补充修改和完善。

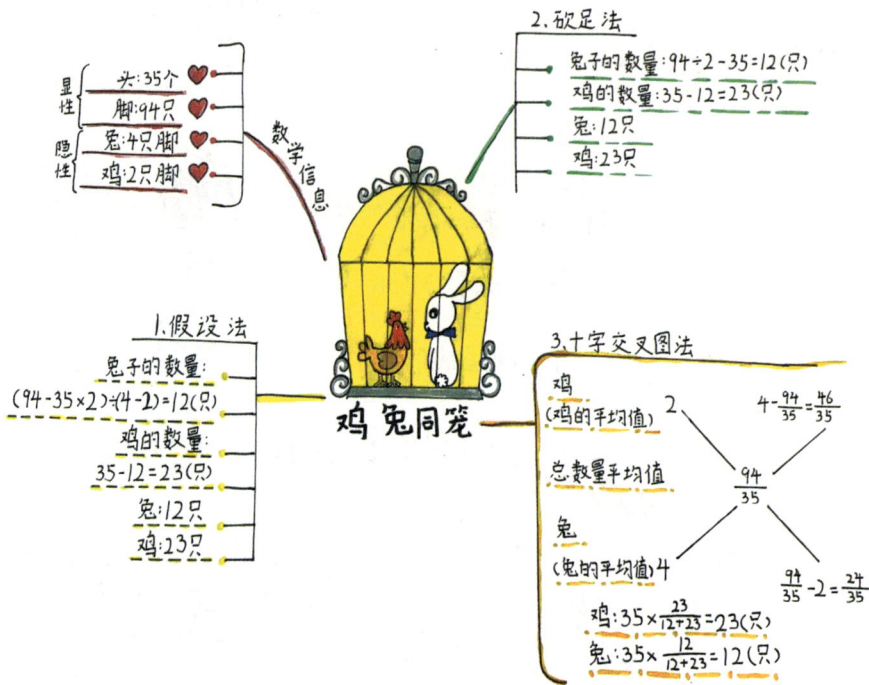

图 3-25　人教版数学四年级下册第九单元《鸡兔同笼》（学生供图）

（十一）用在总结反思提升

总结分析绘制整体思维导图，进行全面总结分析，进一步对各级主题进行梳理，深入思考，绘制整体思维导图。整体思维导图，是对创新创业项目完整描述，也是对项目实施中思维过程的具体记录，这种描述和记录，既可以让参与者进一步加深对项目过程的了解，也可以让没有参与某些项目环节的人员能够详细的了解其中的情况。在绘制的过程中，应注意把与项目有关的，所有的思维导图进行合理整合，体现主干层次和同时加入新的想法，理解和创造新的内容，最终形成整体思维导图。

图 3-26　人教版数学五年级下册第三单元《测量不规则物体体积的方法》
(学生供图)

第四章　教学过程中应用思维导图

在小学数学教学中，我们将思维导图运用到课前、课中、课后各环节，在经历知识的探究生成过程中，使小学生能够批判性地学习，对引发学生深度学习意义重大。运用思维导图学习的过程，可以改变小学生学习数学的方式，培养数学思维能力，引发深度学习，让学生在解决问题的过程中逐步培养会观察、会思考以及会表达等数学核心素养。

第一节　运用思维导图进行课前预习

一、运用思维导图预习，建构知识大框架

预习必须要有一套合理的预习计划，预习不仅有利于提高学生课堂的听课效率和学习效果，也有利于教师课堂教学计划的开展。因此，教师应该配合自己的教学设计，在课前给学生一定的预习指导，帮助学生展开预习。尽管当前有很多教师要求学生要进行预习，也认识到了预习的重要性，但仍然有很多学生不去实践，一是没有正确理解预习的目的，没有掌握合适的预习方法，无章可循，学生只是认为预习就是把课本草草看一遍，勾勾画画就可以。二是学生的预习得不到教师有效的反馈，教师如果没有及时在课堂中发现学生在预习中产生的问题，同时给

予解答的话，久而久之，学生就会失去预习的兴趣和动力，认为预习是个可有可无的作业而已。由此可见，教师必须要科学的引导学生进行课前预习。

二、课前预习要注意的几个问题

（一）根据教学计划设置预习任务

课前预习不能简单的像布置课后作业一样，让学生做一些练习题就好，预习除了让学生对将要学习的内容有个初步的了解外，最重要的是让学生在预习的过程中勤思考、勤动脑，发现问题并解决问题，提高自学能力。思维导图是辅助学生进行课前预习的重要方法之一。教师可以根据自己的教学计划把预习指导的思维导图画出来发给学生，让学生按照思维导图上面的要求去预习新课，同时将思维导图补充完整。在上课的时候，教师可以根据学生画的图一目了然的了解学生的预习情况，以及存在的哪些问题，在预习过程中，教师用思维导图方式给学生提供一个预习导向，以图谱的形式展现新知识框架，引导学生按照框架一步一步展开预习，这样学生对所学知识产生有效的心理预期，从而降低认知负担，增强自信心，学习也有目的性。

（二）根据不同学段学力设置预习任务

针对不同年级，教师应该根据年级目标的特点，给学生布置不同的预习思维导图，预习要紧扣教学目的，把握好课程的重点难点，明确预习是为了更好地完成课堂教学的目的，使学生的预习与课堂学习较好地衔接起来，不同年龄段的思维导图体现出不同的特点和难易程度。小学数学学习内容中有大量的概念，公式、规律需要理解记忆和运用，而且知识点之间的逻辑关系比较明显，教师让学生预习时除了要对所学的知识点有初步的认识外，还要让学生回忆学习新知识前所要具备的前期知识，如果前期知识没有掌握的话，新知识的学习效果就会大打折扣。

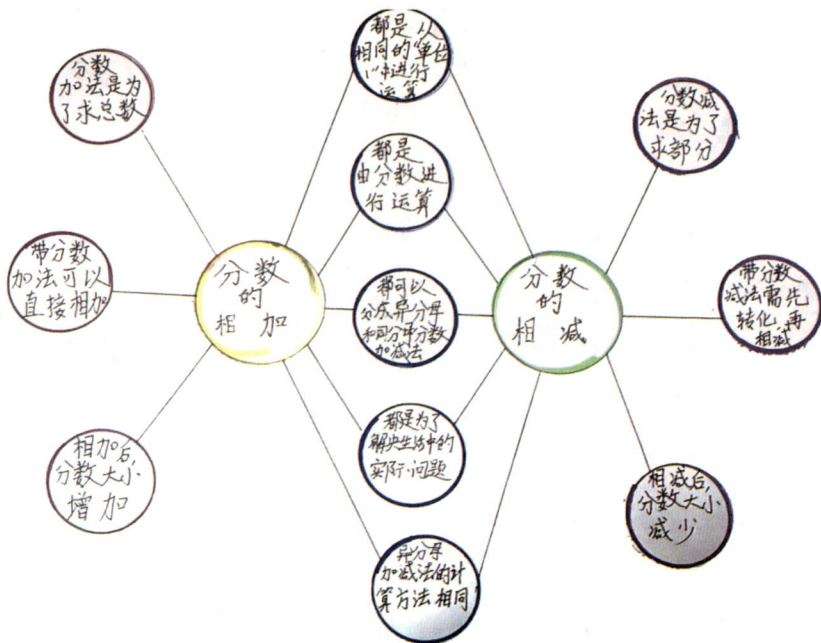

图 4-1　人教版数学五年级下册《分数的加减法》课中总结（张涛）

《分数的加减法》设计说明

一、21 + 3 = 24

21 个一与 3 个一合起来是 24 个一，是 24。

求一共有多少个计数单位"一"。

1.4+0.8 = 2.2

14 个 0.1 与 8 个 0.1 合起来是 22 个 0.1。

求一共有多少个计数单位"0.1"。

数的认识和数的运算放在一起，数是基于计数单位的表达，数的运算是在寻求计数单位及其他的个数，通过说学稿中的画图让学生感知数认识的一致性和数运算的一致性。

二、用思维导图将关于分数加减法的知识进行归纳并发散，由分数加减法的认识到加减法的计算方法，再到运算的本质，通过"小对子"自我归纳补充，到全班完善，圆圈图再到双气泡图，学生们都将内容整理发散的很好，进一步将知识联系起来，重新认识只是互相间的联系。学生用双气泡图主要用于描述分数加法和分数减法之间的异同，通过对它们的比较，从而加深对它们的认识，也可以帮助我们从两个事物中进行选择，从而达到解决问题的目的。

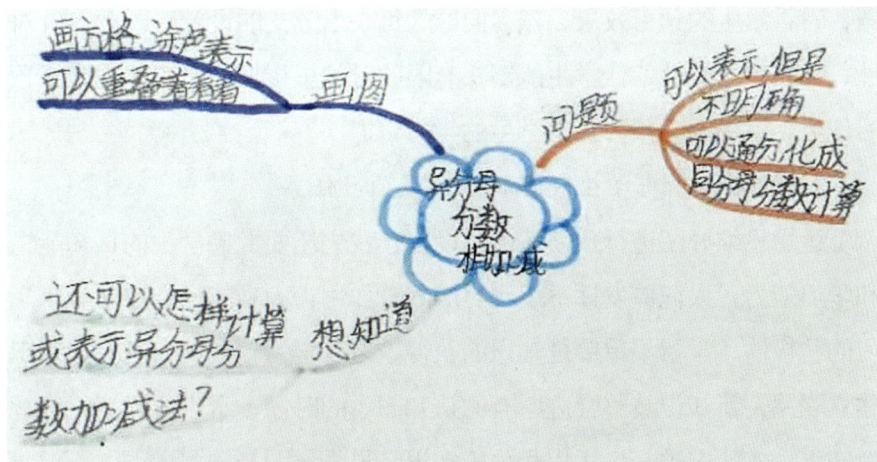

图 4-2　人教版数学五年级下册《异分母分数相加减》课前预习（马玲玲）

《异分母分数相加减》设计说明

在学习异分母分数的加减法这一课时，教师提前布置任务，请学生利用思维导图梳理自己的预习作业。学生可以从解决的方法，存在的问题，以及想提出的新问题等多方面梳理。这既能检测出学生目前的认知水平及知识掌握程度，也可以知道学生在预习的过程中还存在哪些问题，以及他们还想要解决哪些新问题？

思维导图呈现的方式，让所有的预习成果清晰有序，通过"小对子"的汇报以及生生之间的质疑补充，教师可以引导给这些问题大致归个类，这些问题有一些是我们这一节课要解决的问题，也有一些是我们后续的学习中要陆续解决的问题，如此，学生提出的问题学生自己解决，突出了以生为本的课堂，也培养了学生的数学自信，更容易激发他们的数学兴趣。

以图 4-2 为例，前期知识的回忆复习可以通过问题唤醒或者是直接让学生做一些题目，练习前期知识，结构清晰与否，直接影响学生对新知识的认知和理解。在新概念的理解上，除了让学生列出概念中的关键词，还要让学生整体了解概念的相关背景，思考它和其他概念之间的关系。爱因斯坦说过提出问题比解决问题更重要，理科类的知识有大量的公式定理概念，如果没有真正理解的话，就不能灵活地应用。因此，在预习的过程中，就要设一些问题，引导学生去思考，可以通过一些生活实例和类比方法引导学生对新知识探究的欲望，最后可以出一些测试题，看看学生的预习效果，预习向导的每一个分支的设计，既要有针对性，又要有开放性，让学生能够在有限的时间里根据自己的能力完成预习任务，不要因为预习加重学生的学习负担。

（三）根据本班学生学习状态设置预习任务

运用思维导图进行预习任务单设置，我们还要考虑学生的认知能力和学习能力，太简单发挥不了预习的真正作用；太难的话会挫伤学生学习的积极性。学习不单单是知识的获得，只有学习新知识与已有的知识建立联系，新知识被整合进原有的认知图示的时候，学生才能真正理解新知识，才能去进一步运用和分析知识。思维导图是预习大纲，不但将书本上繁琐的文字变成一张简单易懂的图画，同时很好的表现了各相关联知识点之间的关系。在教师的精心设计下，思维导图大纲预习能够有效的唤起学生脑海中已有的相关知识的记忆，完成新旧知识间的建构，避免了学生因为在课堂上没能及时回忆起的相关知识点，从而影响了新知识的学习和理解。同时思维导图预习大纲，还可以让学生可以快速的完成对新课程内容的宏观把握，从而减轻了学生对新知识学习的焦虑，同时能大大提高课堂学习效率。

（四）教师指导引路与检查反馈提升效果

为了保证预习效果，教师应当认真辅导和检查学生的预习情况。检查的方式有很多：可以直接抽查学生画的预习思维导图完成情况；也可以让学生做小组汇报；还可以通过在授课过程中的一些问题或课前练习来考察学生预习的具体情况。预习作业的制作不需要教师对思维导图有多高深的研究和造诣，教师可根据自己的需要选择软件绘制或手绘。更重要的是教师对所学学科的深度理解和对学生深切的关爱。在预习中使用思维导图就是学生自学之路上的一个拐杖，教师要让学生掌握学习的方法，通过思维导图的引导，让学生逐渐习惯预习，爱上预习，慢慢地形成适合自己的一套独特的预习方法，从而提高学生的学习自主能力。

例如，在预习"长方体和正方体"时，"长方体和正方体"是思维导图的中心，主干包括表面积、顶点、体积、周长四个知识大点，每个分支可以再次进行细化和拓展，分为定义、表达式、解题方法等几个方面，最后在思维导图的帮助下，将本节课知识点进行初步系统化。另外，学生在绘制预习思维导图时，还可以将重难点、疑惑点等进行明确地标注，以便于在课堂上重点学习。

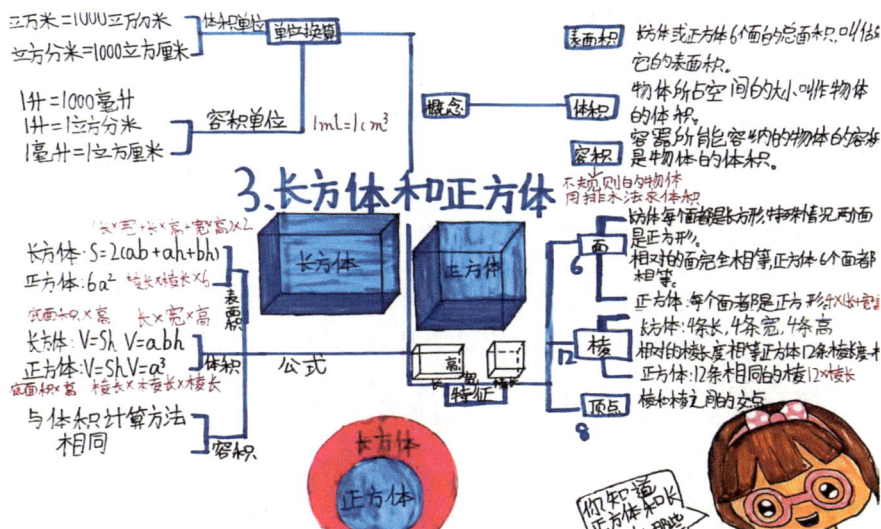

图 4-3　人教版数学五年级下册《长方体和正方体》（李玲）

《长方体和正方体》设计说明

本单元的教学内容有：长方体和正方体的认识、长方体和正方体的表面积、长方体和正方体的体积、体积单位间的进率、容积和容积单位。这些知识的教学基础是长方形和正方形的特征及面积计算，计量长度、面积的单位，并且对长方体和正方体也有了整体的认识。首先学生尝试画长方体和正方体，再从点、线、面图形要素认识长方体和正方体，继而推导出长方体和正方体的表面积公式和体积公式，再认识体积单位，充分发挥学生的空间想象能力。

在小学数学教学中，通过思维导图工具的应用，让学生在学习中不是模仿教师，而是在思维导图的引导下，对数学知识进行概括总结，最终使其形成总体的认识。预习的一环是学生自主构建知识的重要途径，也是提高学生探究能力的关键，通过在思维导图的预习中的具体应用，使学生在思维导图的帮助下，逐渐提高自身的自主学习能力、发展和思维反思能力，引导学生在学习过程中逐渐形成强大的数学思维，进一步实现数学的核心素养。教师指导学生高效预习，在上课前的预习中整理知识的关联，引导学生构筑完整的知识体系。

三、课前预习运用思维导图的方式

课前预习的方式非常丰富，笔者所谈的预习是在校本研究"说学教育"改革中尝试应用的方式：包括新知铺垫法、回顾旧知法、思想渗透法，等等。多年的研究发现，学生独立尝试运用思维导图对即将学习的新知梳理大概框架，并很好地区分和标注已知和未知部分，为学生课堂学习做好了充分准备，并提醒学生课堂需解决的重点部分。

（一）"新知分解法"是"以小见大"的一种预习方式

顾名思义，将要学习的数学内容，拆分成若干个小知识点，同时厘清关系层次结构，随着攻破一个一个小知识点，逐渐自学明白要学习的内容，达到一种自主预习的目标。这部分内容需要我们的学生浏览或者阅读数学教材，然后进行加工，先梳理包含哪些知识点，这样就有了主题和主干，再写上概括出来的关键词，然后厘清下一层级的知识点。在绘制思维导图时，学生通过归类、提炼、概括等活动对所学知识进行了浅层次的分析处理，同时也经历数学抽象、符号化等过程，接着用图文结合的方式表达出主题及重点内容分支，分清脉络和层级，用自己喜欢的数学符号、几何图形、表情符号等来标记不同类型的问题。同时可以把自己对这部分内容有什么疑问或质疑列出来。这样小学生在听课时有目标有选择有针对性了，对于一节课自己重点关注的点要深入探究的问题了然于胸，带着问题满怀期待，做好了课堂上与老师、同学深度交流学习的准备。如图所示即为六年级学生预习《比例》时的一幅思维导图，我们可以看出学生用图区分在预习时已明白（蓝色部分）、有疑惑（黄色部分）、完全不明白（绿色部分）的三大块问题。难能可贵的是学生提出来"比和除法有什么关系""学了除法为什么还要学习比"等有价值的问题，课堂可以"对单消耗"，让课前预习与课堂教学紧密结合。

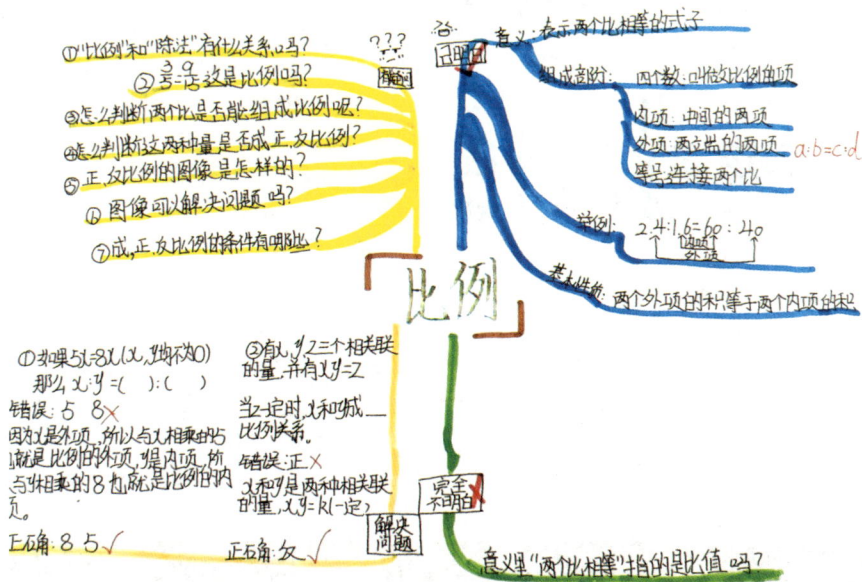

图 4-4　人教版数学六年级下册《比例》（学生供图）

（二）　"旧知铺垫法"也是一种"以旧引新"的方法

《义务教育数学课程标准（2022 年版）》强调设计体现结构化的课程内容，教学过程中要体现一致性的特点。在"说学教育"课堂教学中，遇到前后关系密切的知识点，我们通常采用旧知铺垫法。这部分内容我们在指导学生预习时常常不需要阅读新教材，而是回顾和完善已有的知识经验，迁移解决新问题。例如，在六年级教学《整数乘法运算定律推广到分数》时，我们的预习活动可以设计为以思维导图的形式回忆整数乘法的运算定律的内容，用图还用在了哪些数的范围？

在即将学习的分数四则运算中，你可以有什么样的大胆假设？这样一来，学生就会通过下面的思维导图，把"新旧知识"联系起来。同时课堂教学中还可以在此基础上完善思维导图。

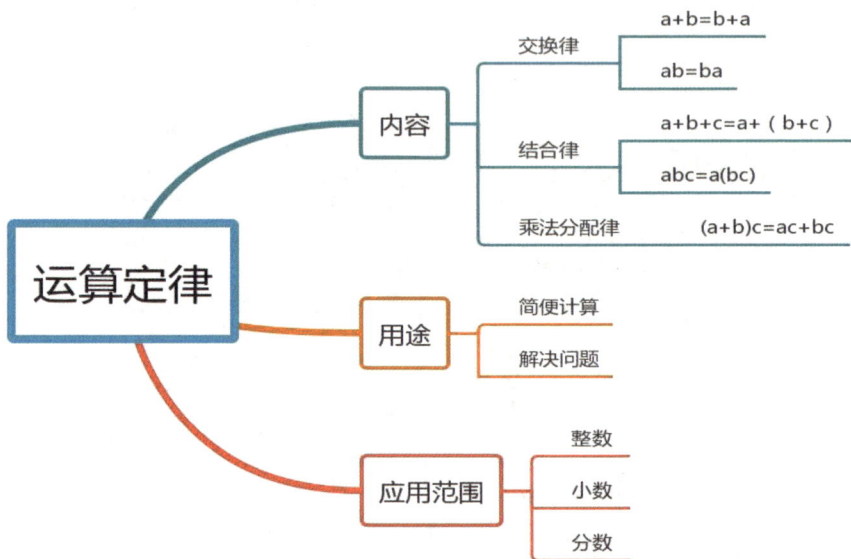

图 4-5　人教版数学六年级上册《运算定律》（汪秀春）

《运用定律》思维导图设计说明
这是在学习运算定律推广到分数的一节课，结合《义务教育数学课程标准（2022年版）》，在课程理念中提出，要设计体现结构化特征的课程内容，课程内容组织。重点是对内容结构化的融合，探索发展学生核心素养的路径，所以本节不仅仅将运算定律运用在分数中，而是有效的将其在整数和小数的应用基础上延伸到分数中。

（三）数学思想渗透法是一种"举一反三"的方法

"授人以鱼不如授人以渔"。布鲁纳认为不论我们选教什么学科，务必使学生理解该学科的基本结构。广大老师常说的学科本质之一数学思想与方法，被称为数学课堂的灵魂，即知其然要知其所以然。"一一对应""建模思想""数形结合""转化思想"就是喜闻乐见的思想方法。教学中往往出现重课堂轻预习的现象，数学思想渗透到位，可以让学生养成一种思维习惯，对一类（无限个数）的问题进行思考，形成解决策略。其价值远远大于解决一道题，那么我们就是引导学生用数学的思维方式思考现实世界。当下新课程标准提出教学内容的一致性，对内容组织进行结构化整合。我们认为教学中渗透数学思想方法就能很好地解决这个问题。如图教学《三角形的面积》时，在预习活动中我们会设计两大任务：你学过的图形面积都是怎么推导的，这个过程中什么变了什么不变？你对三角形有什么期待？选择其一试一试。让学会通过

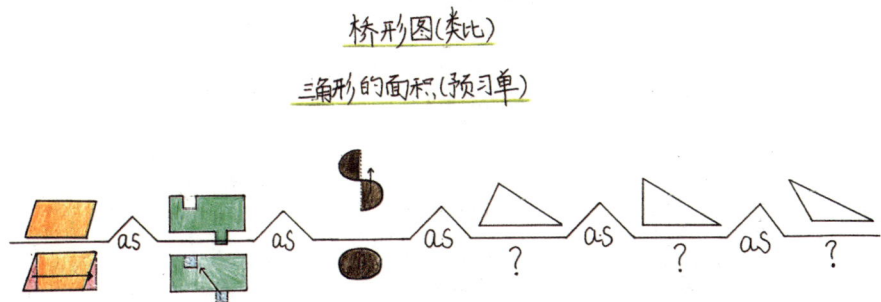

图 4-6 人教版数学五年级上册《三角形的面积》（马娟）

《三角形的面积》桥形图设计说明

桥形图用于类比主题词的思维图示，有着迁移类比的功能，为了引导学生理解转化的数学思想，推导三角形面积的内容应用桥形图进行类比。

学生已经学习平行四边形的推导过程，其是借助将平行四边形转化成长方形的方法进行计算。第一幅图是平行四边形，是借助转化的思想进行推导，第二幅图是不规则多边形，也是借助转化的思想，将其转化成一个长方形，从而求出其面积，第三幅图是曲线图形，也是借助转化的思想，将其旋转，变成一个规则图形，求出其面积。

三幅图都是借助了转化的思想方法，将不规则的图形转化成学过的、规则的图形。

借助桥形图，利用知识类比和迁移的方法，引导学生思考，锐角三角形、直角三角形和钝角三角形如何借助转化思想进行推导，计算出其面积，本预习是从知识的本质与意义出发，呈现出知识的形成过程，而不是让学生死记硬背面积公式。

"桥型"预习单，先通过平行四边形、不规则图形的通过"割补"的方式把未知图形转化成已知图形，从而用已有的知识经验解决问题，让学生受启发后，尝试把三角形转化成已知的长方形、正方形、平行四边形等。通过课堂的交流、思辨后生成下一幅更丰富的思维导图。

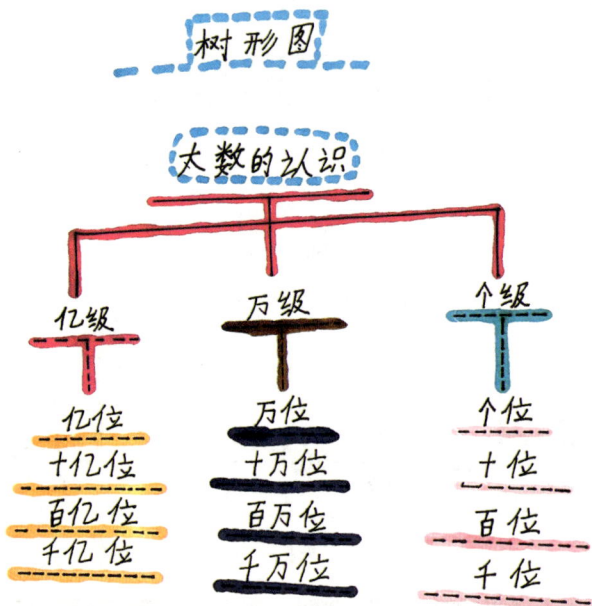

图 4-7　人教版数学四年级上册《大数的认识》（马娟）

《大数的认识》树形图设计说明

大数的认识是人教版数学四年级上册第一单元的知识。

树形图用于对大数的特征进行分类，学生通过归纳分类，理解大数的数级，分清数级与数位的区别，深刻认识大数。

首先大数在数位顺序表中可以分为三个数级：个级、万级和亿级。

其次从数级与数位的逻辑关系出发，一个数级分为 4 个数位，个级分为：个位、十位、百位、千位；万级分为：万位、十万位、百万位、千万位；亿级分为：亿位、十亿位、百亿位、千亿位。

与大数有关的计算本质就是相同计数单位的累加或者递减，所以数位顺序表对于学生来说非常重要，将大数中数位顺序表与树形图结合起来，引导学生理解数位顺序表中的十进制，培养学生的数感。

不难看出，我们在这份预习作业指导中，打破常规的所谓看书的方式，从学生已有的"转化"经验入手，让学生在解决几个图形的面积时不自觉地用到了"转化"的手段，并找到变化关系。接着启发学生也用"转化"的方法来观察和尝试探究新知识——三角形的面积。

总之，用思维导图来进行预习一方面可以帮助学生梳理知识点、明确目标，学生在听课时注意力更能聚焦。另一方面教师通过检查学生的思维导图，能够迅速找到学生对该内容初学成果，知道学生"在哪里"，确定一节"起点"，依据学情来灵活采用上课的策略，及时调整方案，使课堂教学更加有针对性和实效性，有措施地引导学生"到哪里去"，充分体现了"以学定教"的原则。

第二节　运用思维导图进行课堂教学

一、课堂运用思维导图教学，丰富知识内容

思维导图适应人类的放射性思考模式，准确地表现了人体思考的发散过程，将其应用于课堂教学中，可以帮助学生对繁杂的知识点进行整理，让学生整理自己的逻辑思维，最终实现高效的学习。新课程在小学数学课中占有非常重要的地位，也是应用新思想、促进学生自发学习的主要阵地。小学数学教师在教学过程中，融入了思维导图，把知识从总到分，从主干到细节给学生看，随着学生思维能力的提升，使学生遵循思维导图浅深，可以从点到面在学习掌握知识联系的基础上逐渐进入新知识的学习。同时，借助思维导图的帮助，将零散的知识点系统化，最终形成网络知识结构图，可以有效提高学生的课堂学习效果。

以《圆的认识》课堂教学为例，在融入思维导图优化课堂教学时，教师就首先以生活中常见的圆为素材，给学生创设了一个学习情境。接着，以"圆的定义"作为出发点，引导学生在回忆的过程中，结合创设

的情境，明确本节课学习的中心主题。之后，教师围绕本节课教学的中心主题，引导学生分别围绕"圆心、半径、周长、面积"这四个方面展开探究，并在探究的过程中，对思维导图的各个分支进行"充血加肉"，最终形成一个完善的思维导图。

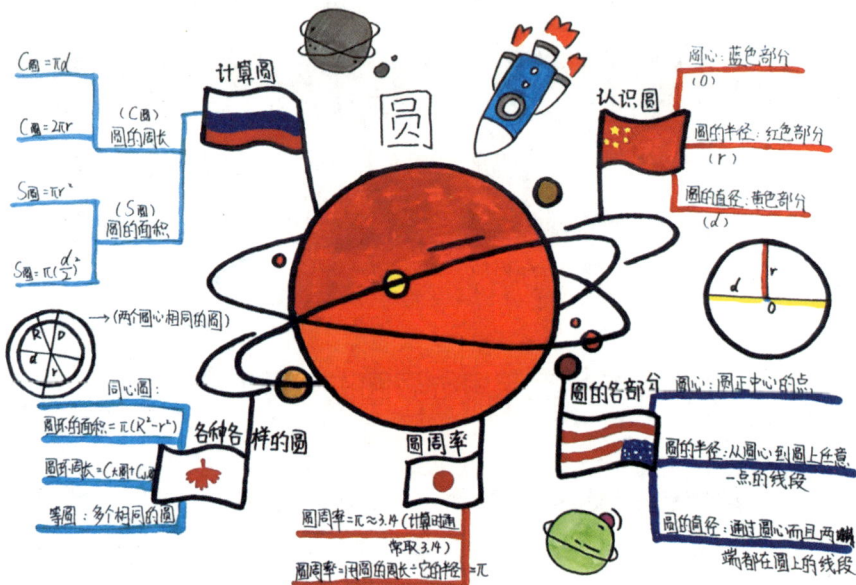

图 4-8　人教版数学六年级上册《圆的认识》（学生供图）

二、课堂教学中要凸显几个方面

（一）以图明确目标，贯穿各个细节

教学目标是教学的出发点，也是教学的归宿，它是教学设计中必须考虑的要素。数学教学的目标一定要着眼于学生可持续发展能力的培养，要在认真分析学生的起点，全面了解课程标准对学段的目标，以及客观分析教材的基础上，制定具体、可行的教学目标。规定学生在一节课结束后掌握哪些知识与技能，使哪些情感与态度得到发展。我们在设计课前预习绘制思维导图时，就已经有了明确目标，所以课堂教学时

可以在预习的基础上，围绕教学目标不断完善，或者生成新图，但我们的教学目标要贯穿始终。

（二）以图促进互动，加强师生沟通

在传统的教学活动中，老师作为课程讲解的主体，依据教材生搬硬套讲解理论知识，学生机械性地背诵知识点，老师与学生之间缺少沟通，从而限定了学生们的发散性思维及创新能力，教学质量相对较差。作为小学数学老师，应转变这种局面，运用思维导图，或通过学生自我展示，或通过师生合作完成思维导图，或者生生合作，加强人与图的沟通，加强图与图的沟通，加强人与人的沟通，形成多元沟通，与学生进行沟通，成为学生们的良师益友，引导学生自行探索知识点，从而为学生搭建思维发散的平台。

（三）以图诱发兴趣，形成新颖教法

苏霍姆林斯基说过："兴趣不在于认识一眼就能望见的东西，而在于挖掘深藏的奥秘"。小学生好奇心强，求知欲强烈，容易被新奇的事物吸引。思维导图具有图文结合、色彩丰富、形式多样的特点，就很容易诱发学生的兴趣。所以我们在教学中要避免"视觉疲劳"，要避免那种"万能"说，不必每节课每个内容都使用思维导图，要适时适度，才会保证新鲜感。这就像在学生面前揭示出一种新的东西，激发起他们的好奇。这种情感越能抓住学生的心，他们就越迫切地想要知道、思考和理解。这就需要我们善于用新颖的教学方法引起他们对于学习内容的好奇感，从而神情专注、兴趣盎然地投入到学习活动中来。学生对于数学的兴趣是在自身的活动中形成和发展的。当学生通过努力获得某种成功时，就会表现出强烈的学习兴趣。教师的责任在于相机鼓励、诱导点拨、帮助学生学习获得成功。当学生想独立地去探索某个新知时，要十分注意情绪鼓舞；当学生的学习停留于一定的水平时，要注意设"跳板"引渡，使他们成功的到达知识的彼岸；当学生的学习活动遇到困难，特别是后进生泄气自卑时，要特别注意给予及时的点拨诱导，使他们"跳一下也能摘到果子吃"。这样，各种不同水平的学生就会在探究中获得成功的喜悦，满足感油然而生，进一步增添了对数学知识的学习兴趣。

（四）以图促进思考，开发学生思维

小学生学习数学的思维方向明显特点是单向直进，即顺着一个方向前进，对周围的其他因素"视而不见"。而皮亚杰认为思维水平的区分标志是"守恒"和"可逆性"。这里所谓"守恒"就是当一个运算发生变化时，仍有某些因素保持不变，这不变的恒量称为守恒。而"可逆性"是指一种运算能用逆运算作补偿。学生要能进行"运算"，这个运算应当是具有可逆性的内化了的动作。因此，教师明确学生数学思维训练的方向，在教学中既要注重定向集中思维又要注重多向发散思维。解答者可以从不同角度，朝不同方向进行思索，探求多种答案。在对培养学生创造能力越来越强烈的今天，我们必须十分注重学生数学思维的方向性，要利用思维导图的优势，要利用一切教材中的有利因素，训练学生一题多解、一题多变、一题多用的思维方法。

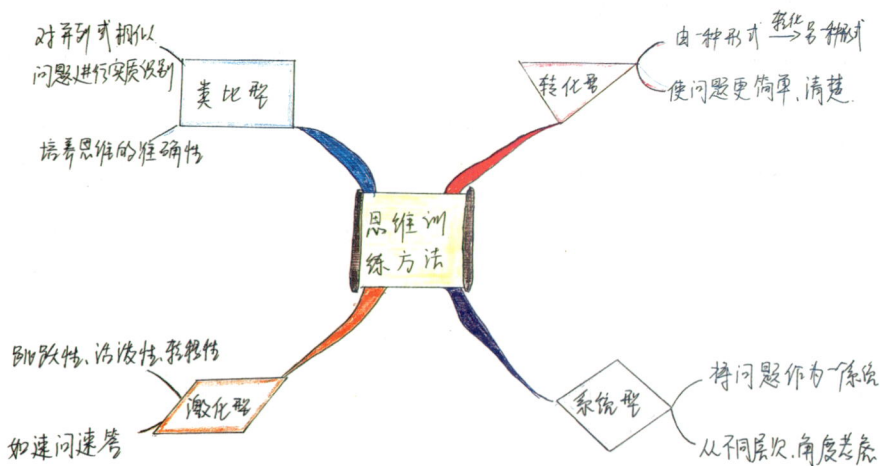

图 4-9　数学思维训练方法（马玲玲）

数学思维训练方法设计说明

1. 转化型

这是解决问题遇到障碍受阻时把问题由一种形式转换成另一种形式，使问题变得更简单、更清楚，以利解决的思维形式。在教学中，通过该项训练，不仅可以在说的过程中提高表达能力，还可以大幅度地提高学生解题能力。

2. 系统型

这是把事物或问题作为一个系统从不同的层次或不同的角度去考虑的整体思维形式。在高年级除结合综合应用题以外还可编制许多智力训练题来培养学生系统思维能力，帮助学生数学建模。

3. 激化型

这是一种跳跃性、活泼性、转移性很强的思维形式。教师可通过速问速答来训练学生，在提高学生兴趣的同时，训练数学思维。

4. 类比型

这是一种对并列事物相似性的实质进行识别的思维形式。这项训练可以培养学生思维的准确性。

利用思维导图形成过程推进学生的思维能力。思维过程的形成需要学生对于不同类型的知识构建起知识框架，并且找到各种知识之间的内部连接关系。所以在大脑中形成思维导图的过程，其实也就是一个逻辑思维能力训练的过程。对于一些不会自己绘制思维导图的学生来说，最主要的是要通过已有的思维导图作为新的思维导图的基础进行绘制梳理。对于一些思维能力非常强且能够绘制思维导图的学生来说，思维导图的构建过程其实是每一个知识点的归纳和总结，也是一个综合思考的过程，能帮助他们更好地学习数学。不同的学生对于思维导图的绘制具有不同的形式和方法，但是每一个思维导图都能够准确地体现出学生的不同思维。教师根据学生的思维导图所归纳总结的知识点，以此可以推断出学生对于知识的掌握程度，也可以看出学生对于这门课的心理特征，从而制定相应的教学计划。

三、思维导图在新课授课中的运用方法

(一) 师生互动中生成思维导图

这里所说的互动生成是指建立在课前预习的基础上的课堂生成。有预习的数学课，教师引导学生，通过筛选，聚焦问题或疑惑展开探究活动。学生通过认真听讲、独立思考、动手实践、自主探究、合作交流等学习方式，通过大量的教学活动，学生得到数学规律或结论。在这样的过程中，随机生成，及时把课堂探究学习成果与课前预习进行衔接尤为重要。要特别注意在探究的过程中不断补充、添加、更改、删除等行为来完善思维导图，或删繁就简，或突出重点，让课堂知识脉络更加清晰，结构更加完整系统。教师的作用尤为重要，要把握好时机，引导学生高效概括。这个师生共同生成思维导图的过程，同时也对学生学会自己绘制思维导图有示范作用。以数学课堂为例，思路发展的顺序是梳理数学知识的常用方式，老师可以按照某些解题推进思路，将公式串联起来，再从每个例题出发，分出解题思路、解题步骤、解题公式与推导等分支，形成完整的知识脉络。

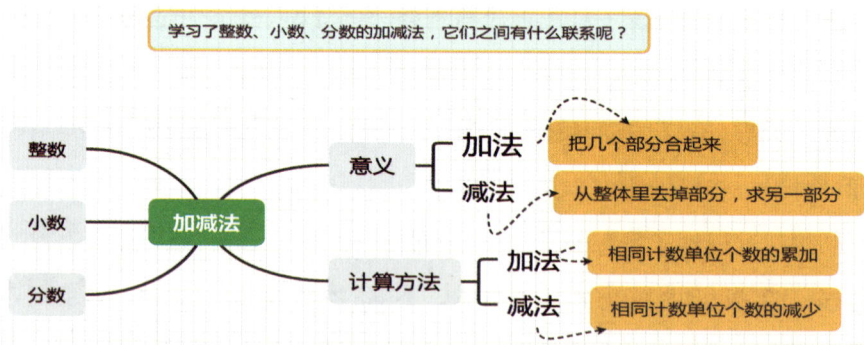

图4-10 《小学数学加减法意义、方法整理》 (张涛)

《小学数学加减法意义、方法整理》 设计说明

"加减法"包括整数、小数和分数的加减运算。经历算理和算法的探索过程，理解算理，掌握算法。初步体会数是对数量的抽象，感悟数的概念本质上的一致性，形成数感和符号-意识；感悟数的运算以及运算之间的关系，体会数的加减运算本质上的一致性，形成运算能力和推理意识，感悟计数单位在运算中的意义。

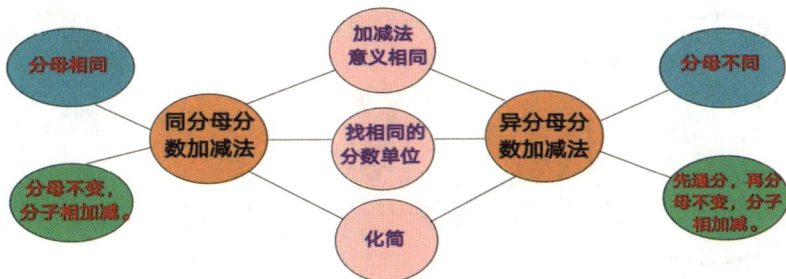

图 4-11　人教版数学五年级下册《同分母分数加减法与异分母分数加减法对比》
（马玲玲）

《同分母分数加减法与异分母分数加减法对比》设计说明

上节课我们已经学习了同分母分数的加减法，那么在学习完异分母分数的加减法之后，通过思考题：“同分母分数加减法和异分母分数加减法之间的异同点有哪些？”教师引导学生通过双气泡图对二者进行对比，学生先独立完成，独立完成之后和“小对子”交流，汇报过程中生生之间质疑补充，最终师生共同梳理并完善双气泡图，双气泡图能非常直观地呈现二者之间的异同点，更有助于学生对知识本质的掌握，并且在以后的学习中碰到类似的情况，学生也会想起来利用双气泡图去做对比，从而解决这一类问题。

（二）生生合作中利用思维导图

思维导图的制作其实是自我思维不断调整更新的过程。以小组合作的方式，互相分享自己的思维导图，欣赏别人的逻辑思考与自己的出入点，取其精华，指出不足，集思广益，发展自我。数学课堂为借助思维导图开展小组合作提供了肥沃的土壤。大多数数学问题的解题思路都不止一种，不同学生的思考方式与观察角度有所区别，让学生以思维导图的形式将自己的解题思路具体化，并在“小对子”小组、四人小组内互相交流，将小组成员的所有方法汇总在一张图上，在全班面前展示，会涌现出令学生甚至老师自己眼前一亮的独特思路。营造思维至上，理性思考，互相学习的良好学习氛围。例如学习《百分数的应用》时，学生独立完成的图不够完善，只有一两个方面，课堂经过思维碰撞后，老师和学生共同完成了构图，让学生的知识更丰富，各自优点整合起来。

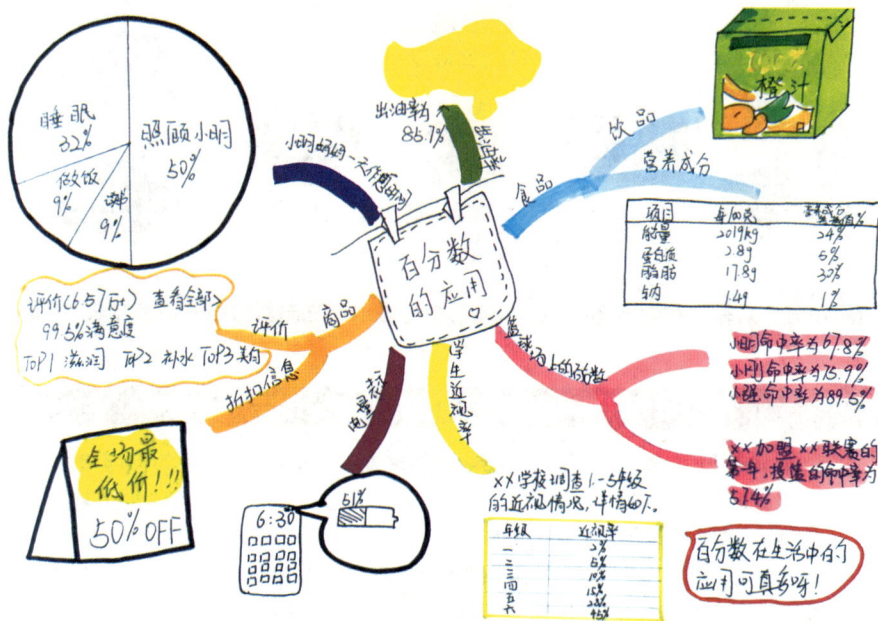

图 4-12　人教版数学六年级上册《百分数的应用》（学生供图）

（三）探究式的板书呈现思维导图

课堂板书方式多种多样，思维导图是其中一种图文并茂的形式。教师尝试采用灵活多样的板书形式以思维导图呈现，有知识树、气泡图、桥型图、括号图、鱼骨图等，甚至还有老师和学生创作出来的任意图文并茂的形式。一节课下来，黑板上留下的既是一幅图，也是一幅板书。这种形式比一般"文本式""提纲式"板书更加生动直观，知识关系层次分明，不仅充分激发学生学习兴趣，而且充分发挥学生的发散性思维。这样的板书，体现了教师与学生构建知识、构建思维框架的过程。在建构过程中，学生形成了对知识的整体结构的把握，更有利于学生对知识深层次的理解。通过教师和学生整个思维导图的板书设计，不仅能够达到一般形式板书的突出重点的效果，而且随时可拓展独创性、生成性的部分，注重了学生的生成，更有符合探究性学习的需要。

见 数 思 形

思考：观察下面每组中的算式与相对应图形，想一想，有什么关系？

1　1+3　1+3+5　1+3+5+7　1+3+5=7+9

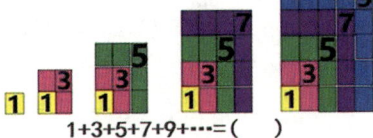

$$1+3+5+7+9+\cdots=(\quad)$$

n个

质疑：从2开始的n个连续的偶数的和是多少？

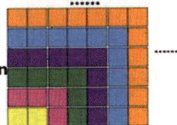

$$2+4+6+8+10+12+\cdots = n \times (n+1)$$

n个

见 形 想 数

三角形数

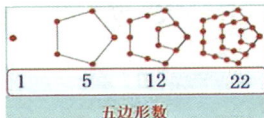

| 1 | 5 | 12 | 22 |

五边形数

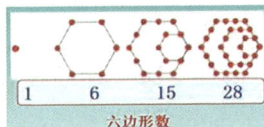

| 1 | 6 | 15 | 28 |

六边形数

数与形

图4-13　人教版数学六年级上册《数与形》（苟丽华）

图4-14　人教版数学六年级上册《数与形》（苟丽华）

149

《数与形》 设计说明

数与形的思想一直伴随在数学教与学的过程中，如果说过去数形结合思想是深藏不露地渗透在知识技能的教学中，那么在本节课，数形结合思想则由幕后走到了台前，成为了教学的对象与核心。以"数"构"形"，以"形"建"数"，让学生在构建中自己发现规律、自己总结规律。在教学中，引导学生"借助图形—探索奥秘—发现规律—展示成果"。

第三节　运用思维导图进行整理复习

一、复习反思中运用思维导图，形成知识体系

复习也是小学数学学习中最重要的一环。复习教学通常是在新的课程结束后，或者某个单元的课程结束后，整理所学知识点的授课形式，在整个学习活动中占有重要的价值。数学复习是学生巩固现有知识、弥补不足、明确自己没有掌握知识、提高数学综合能力的过程，可以帮助学生更好地构建知识体系、提高学生知识的迁移和应用能力。但是，传统小学的数学复习中，很多情况下，代替学生的探究，复习的效果不好。如果老师过分关注数学练习题的训练，不仅无法达到既定的效果，还会产生学生对数学的抵抗心理。在此基础上，教师在优化数学复习教学时，可以灵活地利用思维导图这个工具整理所学的数学知识，最终将这些零散的知识点有机地结合在一起，让学生在头脑中构建更完整的知识体系。同时，结合思维导图工具，学生也明确了各知识点之间的联系，更好地实现了知识的迁移和应用。

二、运用思维导图进行数学复习的优势

（一）有助于知识梳理

在小学数学复习阶段运用思维导图能够更为系统化的整理零碎众多的知识点，将数学知识间的内在联系和层次结构更为清晰地展现出来，形成层级分明，逻辑严谨的知识网络体系，促进学生认知结构的良好建

立，这样取得更高的复习效率。

（二）有助于全面思考

小学生的学习特点中有许多知识实际上都未在学生脑海中留下深刻的印象，而且多有呈现碎片化，唯有让学生自主动脑思考，梳理归纳，并亲手进行思维导图的制作，才可让学生围绕某一问题展开多角度、全方位的思考，将抽象数学知识系统化、可视化、并内化到自身的知识体系中。

（三）有助于思维系统化

在着手思维导图的制作的时候，学生就要注重明显的知识分支，又要将隐藏的数学思想方法挖掘出来，更要各个分支之间存在内在联系。这样长期使用，就会让孩子们的思维方式系统化，从上往下怎样分解，从下往上怎样汇集，在解决实际问题中会用系统的思维思考并寻找策略。教师应注意指导学生运用思维导图掌握的知识内容，更为生动形象地呈现出数学知识体系，使学生拥有一个更为清晰的思路，帮助学生养成良好的思维习惯，掌握正确的复习方法。

三、复习阶段思维导图绘制方法和步骤

小学生运用思维导图这种方式进行复习总结，对巩固知识、提高运用知识解决问题的能力都有促进作用。教师要善于指导学生学会相应的方法和步骤。

（一）独立尝试，初步构图

学生独立学习，借助书本目录、章节、例题、练习等回顾一个单元或一册书的主要内容，初步完成思维导图的第一层级主干，进行简单的呈现。

（二）对照修改，突出重点

教学生在第一层次的基础上，独立或者"小对子"合作对照教材、笔记和作业，修改完善。梳理知识点之间的异同和联系，分出主次层级，画出思维导图。

长方体和正方体

表面积
- 意义：长方体或正方体6个面的总面积
- 计算方法
  - 长方体 —— （长×宽+长×高+宽×高）×2
  - 正方体 —— 棱长×棱长×6
- 常用单位 —— m²、dm²、cm²
- 单位间的进率
  - 1m²=100dm²
  - 1dm²=100cm²
  - 相邻单位间的进率是100

体积
- 意义：物体所占空间的大小
- 计算方法
  - 长方体 —— 长×宽×高
  - 正方体 —— 棱长×棱长×棱长
- 常用单位 —— m³、dm³、cm³
- 单位间的进率
  - 1m³=1000dm³
  - 1dm³=1000cm³
  - 相邻单位间的进率是1000

容积
- 意义：容器所能容纳物体体积的大小
- 常用单位：m³、dm³、cm³、L、ml
  - 1L=1000ml
  - 1dm³=1L
  - 1cm³=1ml
- 单位间的进率

特征
- 长方体
- 正方体
- 长宽高都相同
- 面
  - 长方体有6个面，相对的面完全相同，最多有4个面相同
  - 正方体有6个面，全部都相同
- 棱
  - 12条棱分成3组，每组4条棱
  - 每组棱分别叫做长、宽、高
  - 长方体有12条棱
  - 棱长总和=（长+宽+高）×4
  - 正方体有12条棱
  - 12条棱都相同
  - 棱长总和=棱长×12
- 顶点
  - 长方体和正方体都有8个顶点

解决问题

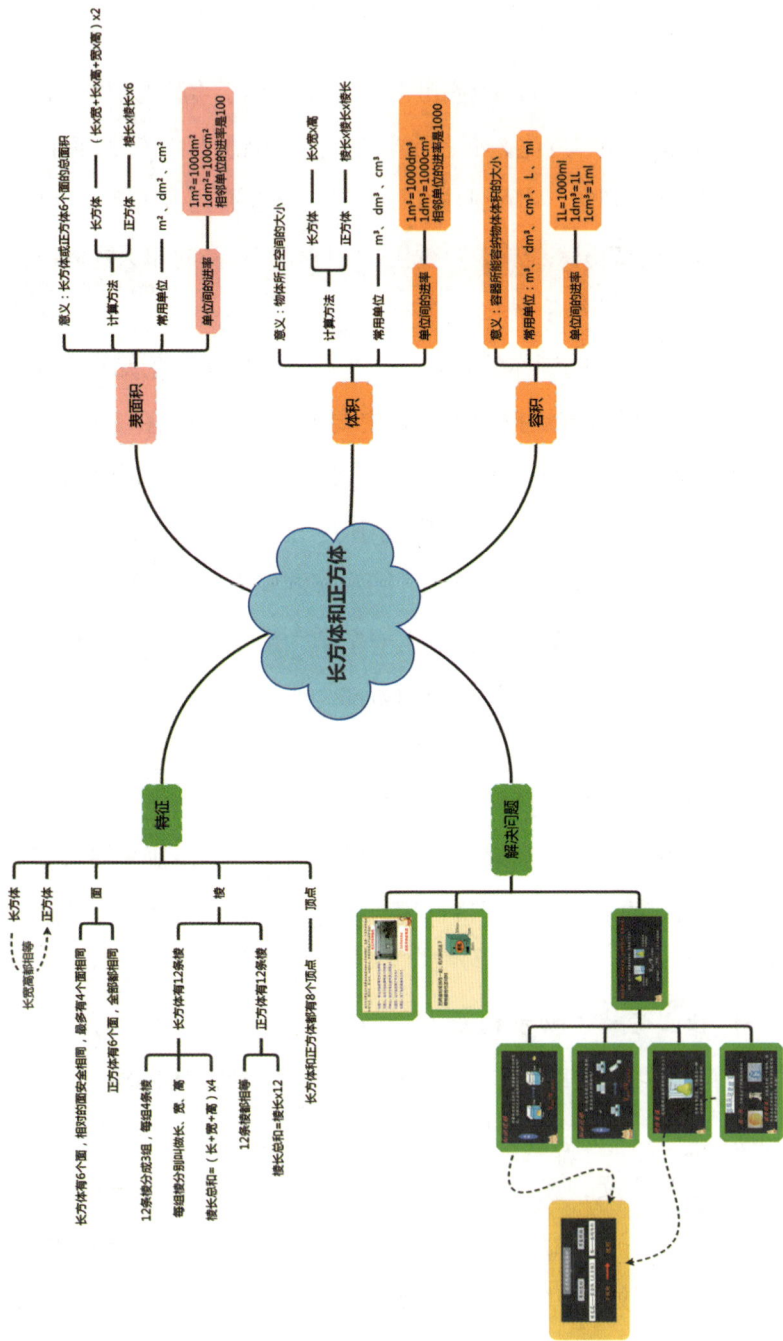

图4-15 人教版数学五年级下册《长方体和正方体》（李玲）

《长方体和正方体》设计说明

认识长方体、正方体的特征，沟通它们之间的联系，从顶点、棱、面几个角度比较相同点和不同点，增强空间想象能力，引导学生经历体积单位的确定过程，通过操作、转化等活动探索立体图形的体积和表面积的计算方法，让学生借助折叠纸盒等活动经验，认识立体图形展开图，建立立体图形与展开后的平面图形之间的联系，培养空间观念和空间想象能力。图形的认识主要是对图形的抽象理解，学生经历从实际物体抽象出几何图形的过程，认识图形的特征，感悟点、线、面、体的关系，积累观察和思考的经验。逐步形成空间观念。图形的认识与图形的测量有密切关系，图形的测量重点是确定图形的大小，学生经历统一度量单位的过程，感受统一度量单位的意义，基于度量单位理解图形长度、角度、周长、面积、体积，在推导一些常见图形周长、面积、体积计算方法的过程中，感悟数学度量方法，逐步形成量感和推理意识。用排水法求不规则物体的体积，物体的体积等于变化部分水的体积，根据实验一、实验二得到。需要注意的是物体要完全浸没在水中，不然变化部分水的体积只等于物体浸没在水中部分的体积。不同的实验方法，思维和方法是一致的，都是利用等积变形，把不规则物体转化成规则物体求出体积。学生通过实验操作，自学、对学、小组学，互相质疑、补充，达到全员合作学习获得成功的系列活动经验。

（三）小组交流，相互启发

利用课前或课堂的时间，帮助学生营造轻松、民主的课堂氛围，再次思维碰撞，小组内 4 人以上互相质疑答辩，养成发现—提问—质疑—反思的良好学习习惯，鼓励学生讲清自己的道理。

（四）全面对照，回顾反思

全班进行展示交流，其中包括知识性的、方法性的反思，也包含情感态度的回顾。注重通过自我评价、他人评价等方式反思。首先是让零散的知识形成"网"，其次是学习过程与结果中的优点与不足反思，不断积累。多元化的"教学评"，使学生在思维高度发展中，得到来源于自身、同伴以及老师的肯定，体会成长的喜悦。

四、复习阶段合理运用思维导图的方法

（一）运用思维导图做好课前准备

我们倡导学生在新授课的学习前要养成预习的好习惯，而在上复习课之前，也要让学生利用思维导图做好充分的准备。教师可以先给学生布置一个开放性的作业，基于某个问题，把你学过的相关知识用思维导图绘制出来，学生可以运用所学过的各种图形绘制综合性比较强的图形，可以是树形图、可以是表格式、可以是括号式等等。例如复习《平行四边形》这一单元，教师可以安排学生绘制一棵"知识树"，要求学生可以通过查看课本目录、翻阅章节例题或者通过脱开课本，回顾教学历程等方式，独立对整单元的知识进行总结，根据自己的理解从而厘清数学概念、规律及他们之间的辨证关系，正确抓住平行四边形单元的重点和难点，画出对应的知识框架。这样教学环节不再重复传统教学中简单的老师讲学生听的模式，而是一个知识升华的过程，也能让学生在此过程中找到其中的乐趣，轻松把课本知识"化为己用"，用直观形象的方式让学生寓学于乐。

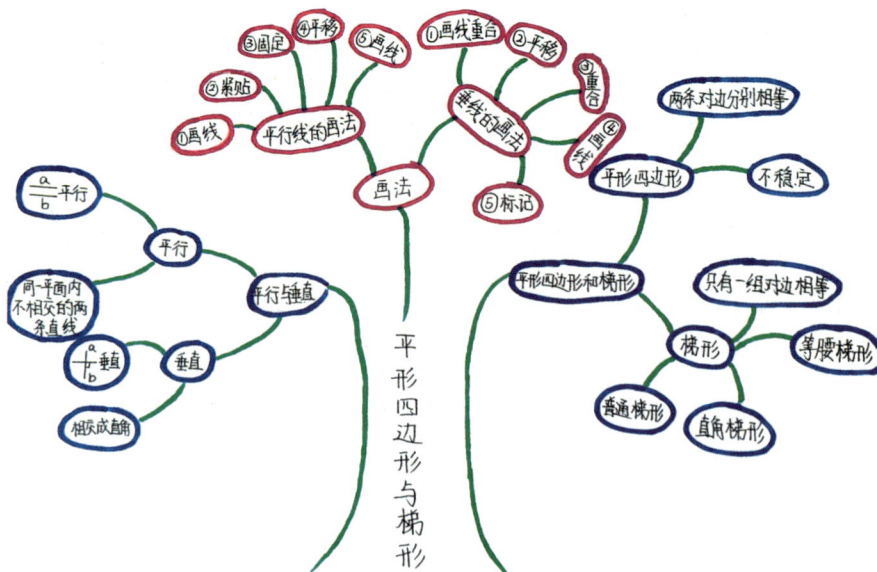

图 4-16　人教版数学四年级上册《平行四边形与梯形》（学生供图）

（二）运用思维导图做好课堂交流

复习课开课，老师要创造机会，让学生充分交流展示课前个体复习成果。思维导图的作品交流，让学生进一步体会一下思维导图与知识本身的联系，更直观地了解所谓的思维导图。同学们之间相互欣赏各自的思维导图，并不断的给对方提出修改意见。同时，不同组之间也可以相互比较，进而取长补短。在此过程中，教师也可以借此呈现部分典型作品进行交流，开拓学生的思维，便于促进学生在实际问题当中的应用。

（三）运用思维导图培养思维能力

在复习中，运用思维导图分析具体问题，提高学生的思维能力。在实际运用思维导图的时候，教师应根据学生的反馈情况进行思维导图的绘制，同时结合学生具体的复习情况，适当调整复习策略，通过更为多元的思维导图来提高学生复习的成效，帮助学生加强对知识概念的掌握，同时利用思维导图让学生对具体问题展开有效分析，引导学生从更多层面展开思考，使学生的数学思维能力得到培养。

图 4-17　复习课中多种思路解决问题（学生供图）

（四）运用思维导图攻破重点难点

复习过程中建立错题集方便学生巩固复习。许多学生对自身存在的错误不了解，错误之处即是学生个体的学习"难点"之处。这需要教师正确引导学生，帮助学生找到自己的问题，分析错误原因，列出正确解答思路，针对试卷或者作业中出现的典型错误，教师要求所有学生准备一个纠错本将错误习题整理，然后结合使用思维导图的方式，合理划分问题的知识点与类型，进而有效找出问题的错误，完成知识点的查漏补缺以免问题重复出现。这样有助于学生更好的分析与总结所学知识中存在的薄弱环节，这对于学生今后的学习有很大意义。这样做可以促进复习工作的有序进行，从而有效避免学生在实际复习过程中出现过度浪费精力和时间的情况。

（五）运用思维导图沟通内在联系

思维导图中融入典型习题，把书本知识应用到实际问题中，完成整个单元的知识梳理，这才是复习课成败的关键。教师一边引导学生回顾知识，一边以梳理，一边在黑板上绘制出本章的思维导图，同时引导学生用红笔对自己刚刚绘制的知识树进行批注修改，添加典型例题，学生就学会了把理论联系实际的方法，沟通了学过的定律、法则、公式等与解决实际问题的联系，从而提高解决问题的能力。例如，圆柱与圆锥复习时，教师就借助了思维导图的工具，明确了本章节的复习主题圆柱与圆锥。接着，围绕复习的主题，提出了具体的复习目标，即：圆柱与圆锥的表面积、体积、高等。之后，引导学生围绕具体的复习目标，再次进行细化和拓展，将所学的知识点进行补充，绘制出完善的思维导图。如此一来，通过思维导图的帮助，学生可将零散的知识点进行整合、梳理，最终形成系统化的知识体系，真正实现学生数学复习的高效性。

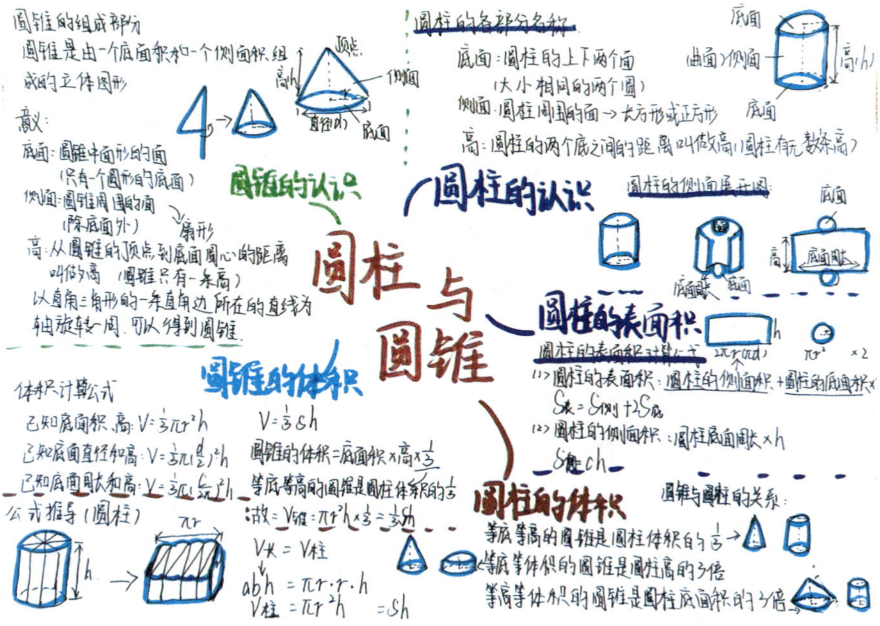

图 4-18　人教版数学六年级下册《圆柱与圆锥》复习课（学生供图）

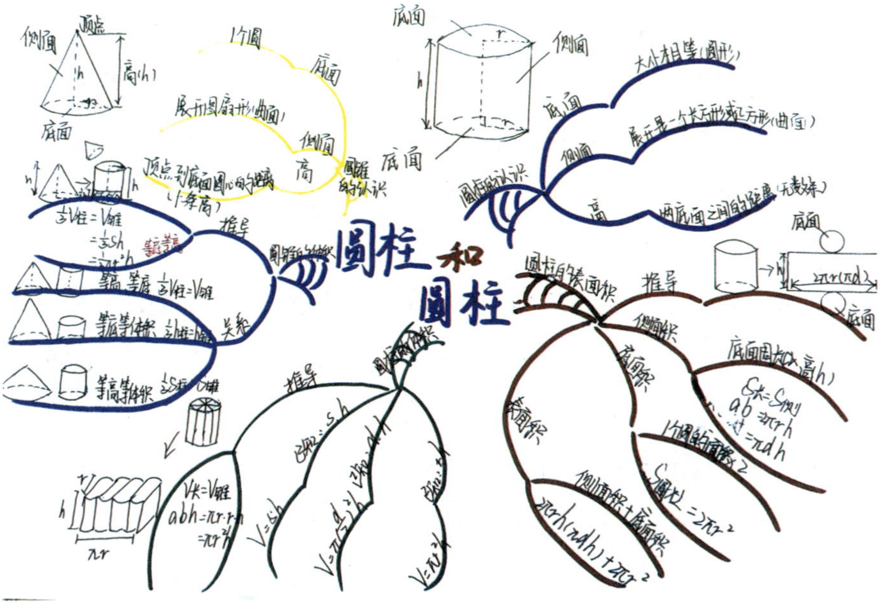

图 4-19　人教版数学六年级下册《圆柱和圆柱》复习课（学生供图）

总之，在小学数学课前预习、课堂探究、整理复习的过程中合理运用思维导图，以图促思，以思成图，也是《义务教育数学课程标准（2022年版）》中所提倡的"三会"的具体表现之一。教学过程中合理运用思维导图能够在记忆、理解、创新方面带来更多的可能性，深度学习优势显著。图文并茂，激发学生对课堂的关注兴趣与联想力，打造创新课堂；整理关系，在思维的训练中树立系统的逻辑；形成网络，是学生创新意识和能力的高阶体现；思辨批判，画图与口头两种表达方式结合促进学生语言与思维的共同发展。这些都是人们进行一切脑力活动的基础，也是小学生形成终身学习的良好习惯的基本能力和学科教学中落实素质教育的一种手段。

总的来说，在小学数学教学中运用思维导图对师生都大有裨益，它可以帮助我们系统的梳理知识，还可以帮助我们发散创意，帮助我们在某一个创意下深挖、垂直思考。将我们头脑中的创意变成可被执行的创造力。

概括一下思维导图对于老师来说有以下几个作用：发散思维、整理思绪、挖掘创意、强化记忆等。但我们要清醒地认识到思维导图最重要的是思维，画图只是辅助我们思维和记忆，前期不熟练的时候可能会花费的时间较多，后期熟练了，一般都只需要三十分钟就可以完成一幅常规思维导图。

思维导图对于学生来说是一种科学有效的学习工具和方法，可以帮助孩子们分析问题、整理思路、快速学习，从而让学习更高效也更轻松，扎实地把握学习内容，提高各科成绩。运用思维导图的同时，就会要求孩子们对知识的提炼和精简，调动孩子的主观能动性，进而提高学习效率。思维导图对知识进行概要和扩展，新知识和原有知识进行链接，有助于知识的深度理解和挖掘。思维导图有助于加深知识的记忆，进而提高记忆力。思维导图里用到的颜色和图形可以多方面刺激孩子的大脑，让孩子对自己所学的内容更有兴趣，激发孩子的创造力。

但是，我们要注意在教学中应注意思维导图的时机、质量、频次等，才能充分发挥它的价值。一是思维导图只是一种手段，可以帮助我们更好的厘清思路，总结归纳，更愉悦更有效的学习，但不能代替所有的教法。二是思维导图作为一种思维方式，不在于画的怎样色彩鲜艳，而是随着问题的发展，在原有的基础上对问题加以延伸。另外，这种思维应该是逐渐养成的，所以不要急于求成，过分的要求，学生要注重知识的积累。三是思维导图在数学教学中的应用可以体现在教学过程的方方面面，但也不是所有课程章节都能适用。在使用时，一定要注意其适用性，不要成了一个硬性标签。思维导图是一种学习方法，需要长时间的坚持，在初学阶段，要详细的指导，要给学生足够的时间和空间去学习，去使用，而不是流于形式，这样才能更好的帮助学生学习。

心理学家盖兹说过："没有什么东西比成功更能增强满足的感觉；也没有什么东西让每个学生都体验到成功的喜悦，更能激发学生的求知欲望。"因此，教师在小学数学的教学过程当中，如果能够巧妙地将思维导图与所学的知识结合在一起，这不仅能够丰富教师的教学内容，也能够扩展教师的教学方式，还能够使学生更加高效快捷地找到问题的解决方法，同时也能够更好地理解问题。这是数学课堂所追求的最基本的要求。

综上所述，思维导图在小学教学过程中的应用是非常重要的。教师要不断深化改革，大力推进思维导图在小学数学教学中的应用，推进数学的现代化教学进一步发展。

参考文献

[1] 中华人民共和国教育部. 义务教育数学课程标准（2022年版）[M]. 北京:北京师范大学出版社,2022.

[2] 赵国庆. 别说你懂思维导图　全彩图解 [M]. 北京：人民邮电出版社，2015.

[3] 张泽林，王从斌. 巧用思维导图　助力课堂教学[J]. 思想政治课教学，2015(01).

[4] 项佳. 思维导图在初中科学课中的应用方法分析 [J]. 亚太教育，2016(8).

[5] 万小荣. 运用思维导图 构建核心概念 [J]. 生物学通报，2014(11).

[6] 焦星. 思维导图在小学数学教学中的应用价值 [J]. 科技风，2019(26).

[7] 张榀青. 基于思维导图的小学数学高效课堂构建[J]. 科学咨询(科技·管理)，2019(9).